U0012697

A Study of the Popular Mind

The Crowd

烏合之眾

為什麼「我們」會變得瘋狂、盲目、衝動？
讓你看透群眾心理的第一書

Gustave Le Bon

古斯塔夫・勒龐
周婷

目次

風、血與詩——
感受群眾，才能理解群眾，
試讀《烏合之眾》

詹偉雄（文化評論人）

公元 1789 年 7 月 14 日傍晚，巴黎暴民攻破了君權象徵的巴士底獄，典獄長德・勞奈（Bernard-René de Launay）被活捉遊街，準備遞送到市政廳前處決，沿途，不少的民眾用隨身的武器戳刺他，在抵達目的地前，德・勞奈幾乎崩潰了，他掙扎著高喊：「夠了，讓我死吧！」也就是這一用力，他的腿踢中了一位圍觀者的小腹，這時群眾便開始鼓譟，要這位民眾立時殺了他。

勒龐的《烏合之眾》一書，引述了法國大革命史學家（應該是 Hippolyte Taine）的記述，是這麼描繪這幅殺戮場面：

「他是個失業廚師，無聊的好奇心使他來到巴士底獄，想看看這裡究竟發生了什麼。因為大家都這麼認為，他也認為這是一種愛國行為，甚至覺得自己應該得到一枚勳章，獎勵自己

手刃惡魔。他拿著一把借來的刀對著裸露的脖子下手，但是刀有點鈍，怎麼都割不動，於是他從兜裡掏出一把黑柄小刀（做過廚師，應該對切肉很在行），成功完成了任務。」

當一個人身處於亢奮的群眾之中，成為了群體的一分子，這個人就不再是孑然一身時的那個人了，他會展露出前所未有的想法和行動，遠遠偏離人生軌道，這是《烏合之眾》一書的主要意旨，當然，勒龐還會加上一句：群眾永遠比個人愚笨得多，「不是整個世界比伏爾泰更聰明，而是伏爾泰比整個世界更聰明」；雖然弔詭的卻是，歷史的進程往往還得靠著這種本質愚蠢的群眾運動來推進，「激發人類走上文明之路的不是理性，而是充滿激情與膽量的幻想」。

《烏合之眾》一書出版於 1894 年，英文版於一年後上市，兩種版本都成了市場暢銷書，可以想見，整個十九世紀歐陸革命的動盪，加上各地區國族國家獨立的起義風暴，使西方見識了群眾運動巨大的能量，不論是從中得益的革命家，或是於其中受苦的市民階級，都積極地想理解這神秘難解的暴風如何生成、怎麼運作，又如何能去蕪存菁、化害留利，使群眾能為己用，或至少能降低其狂野非理性的一面，而保留其創造式破壞的一面。

對勒龐而言，他當然是個站在「烏合之眾」對面的知識分子，雖然他對法國的教育有很多的批評，但觀諸他一生的所作所為，顯然仍是以身為「啟蒙之子」的法國伏爾泰信徒為職志

的，《烏合之眾》是他對法國十九世紀城市中的暴民所作的社會心理學研究（直接的情感因素是他目睹1871年巴黎公社的暴力起義事件），而在完成這部小書後，他轉而把研究旨趣轉向放射性元素，據說還差點於1903年獲提名角逐諾貝爾物理獎，他的一生中，明顯地嚮往著一間寬大穩頓的書房而非硝煙四起的街頭，這樣的智識歷程，遠遠不同於撰寫《悲慘世界》的雨果，或者熱切肯定巴黎公社革命的馬克思。

　　但我們也可以這麼說：正是他對群眾的由衷不安，方才使他能捕捉到群眾運動中撲朔迷離的幾個特質，並且以極其動人的修辭表達出來。譬如說他對群眾運動中領袖人物的解析：「群體成員缺乏意志，會本能地轉向意志堅定的人，因為他們身上具有群體成員身上缺乏的品質」，便啟蒙了二十世紀的希特勒，《我的奮鬥》這一本自傳直接由勒龐的指引中取材，從都會魯蛇心理的陰暗反面打造出光芒四射的時代偶像，召喚了上千萬德國人成為納粹信徒。也或是由於其面向歷史與現實中的真切恐懼，勒龐才能深刻觀察到「民眾＞群眾＞暴民」的因果關係，是現代社會發展的歷史必然而非偶然：「群體中，愚蠢、無知和心懷嫉妒的人，會擺脫自己卑微無能的感覺，從而產生殘忍、巨大的短暫力量」。當然，他對群眾們雷霆萬鈞劃破時代場景後、煙火散盡後的個人滄桑運命，也是洞燭機先的，他最常被後世人引用的一句話便是：「群體中的個體，彷彿是空氣中的塵埃，可以被風吹到任何地方。」

二十世紀是一個群眾運動更加奔騰的世紀，有趣的是，支持《烏合之眾》於西方書肆常賣的，不是群眾或學者，而是各色各樣希望能召喚起群眾運動的政治行動家；二十世紀西方社會科學研究方法論的抬頭，也不再把《烏合之眾》看成是一本具有嚴謹意義的學術著作，勒龐思想中的生物決定論、父權偏見與歐洲中心主義也愈來愈不政治正確；在社會「集體意識」這個研究議題上，勒龐法國同胞涂爾幹所著的《社會分工論》與《宗教生活的基本形式》，以其對日常生活更穿透性的理解，明顯地在知識地圖上具有著更廣大的說服力和啟發性。那麼，身處在一萬多公里距離之外、一百多年時光之遙的台灣讀者，再來讀這本《烏合之眾》的理由會是什麼？

　　五十多年前，美國社會學結構功能論大學者墨頓（Robert K. Merton）於《烏合之眾》英文版寫的導讀中，指明了勒龐的這本小書，有著三個開創性的價值，其一，他指出「群體社會」即將到來，執政者會反過來聽從主流民意來施政；其二，群體當道，平庸和低俗的文化會成為最有價值的文化；第三，群體會成為歷史發展中無可替代的主要推動者。

　　雖然已半世紀了，墨頓所揭櫫的三個提醒對台灣讀者仍然有效，而且十分有效，因為台灣才剛剛進入民主化社會，在台灣的歷史上，民主的歲數還沒有超過三十歲，這樣的理解也就意味著：台灣史中的大部分的歲月都在潛意識裡渴望著「群眾」，也伺機召喚著「群眾」，唯其如此，我們才能夠推翻殖

民者或極權政權，獲得民主，但坦白說，我們也因此而完全缺乏另一面對「群眾」的理解，吾人對群眾可能產生的暴力後果一無所悉，因為我們就貨真價實地承受著執政者施加於上的暴力，歷史上滿滿是鎮壓的血漬，從而使我們無從想像群眾也可能鮮血滿手，而且相較體制暴力更不可捉摸，但，雖然欠缺歷史經驗，網際網路與電視傳播所流轉的強大群眾獵巫氣息，或者各種平庸意見當道的決絕與剛硬，卻也是現世台灣人不陌生的群體壓力。

　　勒龐是一位看著巴黎街壘革命長大的小孩，他的恐懼，正是吸引人們閱讀《烏合之眾》的起點，唯有切身地穿過時代場景，才能把時代的一些氣息帶至外來者的面前，讓我們同時聞嗅到暴風、鮮血與詩，並心生些許警惕和反思。從這個角度看，《烏合之眾》（之於我們）具備著更多的文學性而勝於科學性，狄更斯的《雙城記》也寫法國大革命，但，請相信我，它不會比《烏合之眾》更扣人心弦。

論勒龐《烏合之眾》的得與失

《烏合之眾》的功能

美國的實驗心理學創始人、社會心理學家高爾頓・威拉德・奧爾波特（Gordon Willard Allport），在著名作品《社會心理學手冊》（*A Handbook of Social Psychology*）中如此評價勒龐的《烏合之眾》：「在現有的所有關於心理學研究的書籍中，沒有任何一本可以與《烏合之眾》相媲美。」對於這個評價的準確性還有待進一步的驗證，但無論質疑之聲是否不絕於耳，有一點毋庸置疑，即此書所闡釋的關於「群體心理」的特點對後世有持久的影響，尤其是在人們對「群體心理」的理解和對社會心理學的思考方面。此外，當美國民眾的處境和感覺越來越趨向於「孤獨」和「千篇一律」時，這部書存在的實用價值就更是不容置疑了。

《烏合之眾》為什麼能夠產生如此持久的影響力，真的是

令人匪夷所思。當它一八九五年第一次與讀者見面時，純粹是為了迎合大眾。但是，這種多如牛毛的迎合之作如果能夠將其對讀者的吸引力保持半個世紀之久，一定是有其獨到之處。

如果從它的性質方面進行探討，就會對它為何能夠產生如此的持久影響力感到更加困惑。書中所闡釋的觀點，幾乎每一條都可以在前人的言論或書籍中找到痕跡，至於在此書之後出現的同類書籍關於這些觀念的闡釋更加精闢和詳盡。儘管如此，《烏合之眾》在知識界的影響力卻沒有受到絲毫的影響。

值得一提的是，即使是在此書中的一些觀念已經被公認是錯誤的情況下，它依舊是研究群體心理的人必讀的文獻。此外，雖然書中到處都充斥著互不協調的意識形態，但是與其意識形態大相逕庭的崇信意識形態的作家依舊以十分嚴肅的態度對待它。也許，揭開這些看似相互矛盾的謎團的好辦法就是研究它對我們的現實意義。

《烏合之眾》問世以來的經歷也許可以幫助我們揭開這些困惑。書中的一些觀點不僅觸動了那些接受它們的人，如民粹派社會學家羅斯（Edward Ross）和心理學家麥克道格爾（William McDougall），還觸動了那些完全反對它們的人，如社會心理學家的佛洛伊德和社會學家帕克（Robert Park）。那些與勒龐持不同觀點的反對者，因為沒有辦法放棄對社會心理學的研究與探討，所以在駁斥這些觀點的同時，卻不得不對其投入更多的關注，因為這些都是研究所需的基本問題。

這正是《烏合之眾》的價值所在。尤其是對重要問題的敏感性幾乎貫穿全書。正如大法官霍爾姆斯先生（Oliver Holmes）所說，勒龐具有少數思想家才具有的不斷發現有研究價值問題的能力。他所關注的問題毫無疑問地成為所有社會心理學家和善於思考社會的人共同關注的問題。

從表面上看，這本書的標題有一定的局限性，但是，它的內容卻涉及了與「群體」相關卻通常被所有人忽視的現象。勒龐在書中不斷地以簡潔或者時代錯置的方式將人們所關心的問題呈現出來，如社會服從或過於服從、單一乏味的趣味、群眾的反叛心理、大眾文化、被別人支配的自我、群眾行為、人的自我異化過程、官僚化的形成歷史、逃離自由投靠領袖、無意識對社會行為的影響等等。換句話說，現代社會出現的所有問題和觀念，他都預料到了。也正是這些多樣性的問題，使它具有了經久不衰的影響力。

因此，我們可以斷言，《烏合之眾》的現代意義就源於它善於發現問題的功能而非解決問題的功能。這兩種功能表面上看來是相互聯繫的，但實質上卻又有本質的區別，此書對佛洛伊德的意義便是最好的佐證。

佛洛伊德眼中的《烏合之眾》

佛洛伊德利用適當的管道使勒龐的思想影響進入了現代人

的頭腦。從二〇年代起，佛洛伊德開始從事群眾心理學研究，並發表了第一本專著《群眾心理學與自我的分析》（*Group Psychology and the Analysis of the Ego*）。在這本著作中，他大量引用了勒龐的觀點，並給出了極高的評價：「《烏合之眾》是名副其實的名著，極為精闢地闡釋了群體的心理特徵」。他對《烏合之眾》的評價及其引用其中的內容加在一起，可以占全書的六分之一。

但是，讀者很快就發現了佛洛伊德對待《烏合之眾》的矛盾態度。在下一章中，他駁回了自己對勒龐提出的觀念評價，他說：「……我現在必須澄清的是，其實作者所闡釋的觀點都是陳詞濫調。……此外，他對群體心理的詮釋和評估應該受到人們的質疑。」

這些前後矛盾的評價似乎有些不合常理，甚至有些失禮，但不可否認的是，佛洛伊德並沒有存心說這些話，這只不過是他內心最真實情感的流露。

誇張是最容易表達自己觀點的方法之一，因此，當我們將佛洛伊德評價中所有的誇張成分都去掉後再問他，為何會對勒龐那些陳詞濫調如此重視？又為何像許多嚴肅的評論家一樣，懷著尊重的心態從知識的角度來看待《烏合之眾》呢？為什麼要將《烏合之眾》作為自己研究社會心理學的基礎？佛洛伊德會用率直而可敬的態度回答我們提出的問題：「因為勒龐的很多觀點是研究心理學的基礎，所以我將他看成是自己的引路

人。」

　　佛洛伊德為自己矛盾評價所做的解釋顯然不夠全面。他只是解釋了為何自己會看重《烏合之眾》，卻沒有解釋為什麼會將裡面的一些觀點貶斥為陳詞濫調。當然，要想正確地理解他這種矛盾的態度，還需要進一步的論證。

　　佛洛伊德對勒龐所述觀點持有的矛盾態度是不可否認的。他往往在前一章中肯定勒龐，在後一章中再推翻自己的觀點。這些矛盾的觀點在他論述勒龐的一章中隨處可見，而且我們輕易地就可以找到這種矛盾態度的思想（不是心理學）的解釋。在書中，他採用蘇格拉底常用的對話模式，為兩個角色設置了臺詞。這種矛盾態度的基礎大致可以概括為：勒龐善於發現問題，而佛洛伊德善於解決問題，至於勒龐能不能夠將這兩種特點都集於一身還有待考證。對於勒龐發現問題的能力，佛洛伊德給予了肯定，但是對於後一種能力，他卻持否定態度，認為勒龐根本不具備這種能力。正是由於佛洛伊德希望從勒龐身上同時找到這兩種能力，才會發生以上那些矛盾的觀點。最終，他還是給了確切的答案，即勒龐只能是播種者，他才是使種子成長的培育者。

　　佛洛伊德一直認為，勒龐只是發現了群體生活的很多重要問題，但是並沒有提出具體的解決辦法。如勒龐雖然指出了群體具有「喜歡誇大自己的情感」與「缺乏理性和判斷力」的基本特點，但是，佛洛伊德認為他並沒有真正找到群體成員之間

建立情感聯繫的管道。

　　同樣的例子還有很多，例如他還認為，勒龐雖然看到了群體易受暗示和傳染的特性，卻沒有發現其實這是團體成員、領袖以及其他團體有著性本能關係的產物；雖然他也意識到，當一些人偶然聚集在公共場所，沒有任何堅定的目標，根本不足以構成一個群體，但是卻不理解組織化群體的特徵需要那些必不可少的前提條件。

　　勒龐生動描述了「群體是衝動的奴隸」以及「群體在行事之前絕不可能做出任何計畫」的特點，但是他沒有找到為什麼群體會退化到原始人類階段的理論依據。（當然，佛洛伊德也不是聖人，他也會出錯。他認為勒龐沒有明確的退化概念，這個批評只能說不夠全面。因為勒龐也曾將群體衝動、暴躁、缺乏理性、判斷力與批判精神、態度極端等特點與女性、野蠻人和兒童等低等進化形態的生命體相提並論，所以說佛洛伊德是錯誤的。還應該指出的是，當勒龐將群體的退化比作「可以在野蠻人或兒童身上看到的早期階段」時，顯然婦女被排除在這個階段之外。）

　　此外，在其他方面，佛洛伊德對勒龐的評價也是有失公允的。如，他說勒龐沒有正視領袖在群體心理中的重要作用，而他卻能夠揭示領袖在支配群體行為的心理過程中起到的作用。但是，他卻忽視了一點，勒龐在書中闡釋了神話中不朽的英雄對群體心理產生的巨大影響，而這種論斷與他在與奧托・蘭克

（Otto Rank）討論之後得出的結論一樣，即神話中的英雄其實是人們想從集體統治中解脫的一種手段。

佛洛伊德認為，勒龐意識到了群體具有要求平等的意識，但是沒有意識到這其實是群體成員在共同目標的作用下產生的一個潛在的可見後果。這裡所指的目標，佛洛伊德認為就是領袖。

勒龐雖然生動地描述了群體成員都有服從的意念，但是他沒有意識到這種服從意念其實是領袖身上集體理想產生的暗示作用。

佛洛伊德還犯了一個錯誤，他認為勒龐的研究物件只限於暫時性群體，也正因為如此，讓他幸運碰到了最有價值的研究課題，因為只有暫時性的群體成員才會對群體的要求言聽計從，甚至甘願放棄自己獨立的個性。

他這樣定義勒龐對群體的概念顯然是有失偏頗的，只要讀過以下內容就可以知道為什麼我會這樣說了。不過應該肯定的是，即使聰明的頭腦偶爾會犯一些小錯誤，人們依舊可以從中得到有益的東西。佛洛伊德正是這樣的聰明人。所以，即使他的觀點不完全正確，我們依舊可以從中找到我們平時忽視了的東西。

雖然佛洛伊德認為勒龐關於「只涉及短命的集體」的陳述是錯誤的，出人意料的是，這個錯誤卻直接促成了佛洛伊德支持勒龐選擇以這些「喧鬧的、暫時的群體」作為研究對象。

「作為集體中的一個類型，我們可以從這個群體中看到，正是那些被我們視為個人特性的因素，徹底地消失了——儘管這只是暫時的！」佛洛伊德就是用這句簡短而精闢的話，道出了雖然在科學研究領域中普遍存在，在社會科學中也尤其需要特別注意，卻一直被人們忽視的基本原則，它就是被我們稱為搜索「重大研究領域」的原則。按照這個原則，尋找這些課題，能促使更多的人去研究那些具有特殊優勢的科學問題，當然，前提是這些具體的課題必須是暫時性群體。

勒龐在無意識中做了佛洛伊德認為他做過的事情。他雖然以暫時性群體作為研究對象，但是並沒有把自己的思想局限於此。在他的眼裡，群體的概念要寬泛得多，即包括暫時性群體也包括穩定性群體，如相同社會階層、身分、派別組成的群體，最有代表性的是陪審團、議會、政治派別、宗教派別，因此我們可以說他找到了研究群體行為最好的機會，即在他們的特點最顯著的時候對他們進行研究。顯然，這些方法和技巧是佛洛伊德強加給他的。當然，佛洛伊德之所以得出這些結論並不是因為他發現了勒龐揭示出了比研究素材更加廣泛的變數之間的相互作用。

總結佛洛伊德對勒龐矛盾的評價我們可以得出以下結論：勒龐善於把握群體或者是群體的集體行為的特點，但是對於這些行為的本質原因卻不甚清楚。換句話說，在佛洛伊德眼裡，勒龐就像是一條只會尋找獵物的狗，只能夠停留在事物的表

面，對於表面之下隱藏的重要理論無能為力。但是自己卻和他恰恰相反，他能夠挖掘出事物表面之下的本質，並詮釋出這種本質。

雖然用這種說法評價他們兩個人似乎有點不太公平，但是確實也有依據可循。勒龐的優勢是能夠很好地挖掘出社會心理學的問題，而佛洛伊德有時候既是問題的挖掘者，也是問題的解決者。從佛洛伊德評價勒龐的矛盾態度上，我們可以得到一些新的體會，即一些新思想（因為別人可能已經預見過，所以並不是不可或缺）和一些有意義的思想（這種思想並不深刻，只能起到一些提示性的作用）既有局限性的一面，也有貢獻的一面。他對勒龐這本《烏合之眾》的矛盾態度，就是很好的佐證。

未竟的肖像畫（未竟的世紀末眾生相）

之所以單單將佛洛伊德對《烏合之眾》的感受列舉出來，並不是因為他的感受獨到，也不是因為他的名聲讓人們對他的作品持有好感，而是因為他對此書的理解以及他的某些曲解產生的收穫，能夠幫助我們更佳地解讀這本書。其實在小範圍內，我們同樣可以像佛洛伊德一樣，在提出關於社會行為的思想的同時，發現有現實意義的因素。雖然他在這本書中沒有挖掘出很多全新或者正確的觀念，但是依舊讓我們受益匪淺。勒

龐的闡述不是不可更改的絕對論斷，確切的說是為之後人們研究相同的理論提供了重要指導的起點。

佛洛伊德能夠對此書有如此深刻的解讀，得益於一些具有現實意義的因素。當然，這些因素同樣可以為我們的解讀帶來幫助。但前提條件是，我們必須能夠在解讀的過程中挖掘出隱含在文字表面意義之下的深層含義，這就需要讀者在解讀的過程中留意作者在無意之間透露出來的思想，因為只有這樣我們才能感受到過去被自己忽視的某些社會行為。其實讀其他書也是同樣的道理，只有理解了書中字裡行間的含義才能得到自己想要得到的東西。

這些方法同樣適用於那些在團體中每天叫囂著不樂意服從的人（其實他們沒有一刻可以脫離束縛），當然前提條件是，他們願意去理解對我們每個人都會發生作用的服從傾向。

《烏合之眾》具有豐富的現實意義，這也詮釋了為什麼它能夠具有持續影響力的原因。需要說明的是，這些現實意義都隱藏在文字之間，需要我們用心去體會。除此之外，這種持久的影響力還源自於書中的一些複雜的思想，即人的行為中非理性和反理性的傾向。這些思想至今仍然與我們的生活如影相隨。

書中描繪的是世紀末的眾生相，這時的人們在作者的眼裡永遠徘徊在無意識邊緣，隨時接受一切暗示的指揮；情感缺乏理性、批判力，所以他們極端地輕信他人，心甘情願地上當受騙。不過，這顯然是一幅沒有完成的肖像畫，因為在畫面中既

有被控制的人，也有控制別人的人，換句話說，這些掌握著控制權的人將被其控制的人當成了自己達到人生目標的工具。

書中還透露了另外一種深刻的含義，即人類總是有維持自欺欺人能力的方法，他們總是能夠為了達到某種不可告人的目的而將罪惡說成是美德。影響人類性格的這種因素還導致了一種社會哲學，即人們極易受外界因素的影響，他們會因為這種影響而使自己失去判斷是非的能力，從而變得愚蠢而平庸，甚至成為暴徒的幫兇，欺騙自己的同胞。

人總是會有一些劣根性，如缺乏理性、唯利是圖、不會自控以及出爾反爾，或者將理性用在胡作非為上，他們既是暴力和虔誠騙局的實施者，也是它們的受害者。這種稟性與人類歷史如影相隨，從《君主論》（*The Prince*，編按：義大利文藝復興時期的政治論著）的時代一直到《烏合之眾》盛行的時代，那些為達到自己目的，而不惜在人際關係中使用詐欺和機會主義手段的作家一直都在不斷地描述和設計這些形象，勒龐在書中將其重新闡釋，當然算不上是全新的見解。不過值得一提的是，它在上個世紀才真正開始受到人們的重視並一直持續到今天，在它面前，人類一直被冠以的理性動物的美譽受到了衝擊。

曠日持久的爭論戰

對於人類及其行為中令人生厭的這些稟性，心理學家、社

會學家、社會哲學家、政治理論學、政論記者以及那些有才華的落魄小說都曾寫過大量的書籍進行批判,《烏合之眾》只是這些著作中的一本罷了。值得一提的是,在一八九五年,即這本書出版的同一年,布魯爾(Josef Breuer)和佛洛伊德的力作《癔病的研究》(*Studies on Hysteria*)也問世了。這兩本書同時出現並非偶然,因為只有具備了相同社會條件,思想相近的著作才有可能同時大量出現。

也許有人會對這種說法無法苟同。在他們看來,每個時代都會有自身無法解決的問題,並自認為會遇到理性的曙光或非理性的開端。但是不可否認,這種觀點有其局限性,因為它沒有辦法解釋到底是什麼原因讓十九世紀的法國民眾如此狂熱。回顧歷史,我們會發現,在十九世紀五〇年代,龔古爾兄弟(Goncourt Brothers)從來沒有與他們組成的文學小組內部達成意見的一致性,他們預言,歐洲將遭到粗魯工人的野蠻攻擊;他們還說,這群野蠻人會給自己的行為找到合適的藉口,即社會革命。

當然,除了龔古爾兄弟之外,當時法國的人道主義知識分子泰納(Taine)、聖伯夫(Sainte-Beuve)、諷刺作家加瓦爾尼(Gavarni)、勒南(Renan)等人也對未來的「道德衛生狀況」以及社會發展趨勢充滿了疑慮。泰納甚至預言說,二十世紀將會造就一群充滿活力但是反應遲鈍的人。顯然,這些預言與勒龐在《烏合之眾》的某些觀點是相吻合的。

關於類似的預言和徵兆還有很多，這足以證明，即使沒有勒龐，他所提出的觀點照樣會出現。最好的佐證是，在同一時期，義大利的社會心理學家西蓋勒（Scipio Sighele）以及法國人塔爾德（Gabriel Tarde）也提出了類似的觀點。也正是因為在相同的時段提出了類似的觀點，所以在之後的很長一段時間裡，他們為到底誰是思想的先驅者爭論不休。為了在這場曠日持久的爭論大戰中獲勝，勒龐和西蓋勒使盡了渾身解數，甚至不惜撕破臉皮相互謾罵。為了能夠增加勝算，勒龐不止一次的重提他十五年前關於群體的「模仿」和「感情傳染」問題的論述。西蓋勒也不甘示弱，在著作《宗派心理學》（*Psychology of Sects*）中毫不客氣地自詡為先驅，並聲稱《烏合之眾》純粹是抄襲之作，而在後來出版的《犯罪群體》（*The Criminal Crowd*）的第二版中，他更是公開對勒龐進行指責，說勒龐在闡釋「群體心理」時引用了自己的觀點，卻沒有對此作出任何說明，之後他又正話反說，表示自己沒有一點要責備勒龐的意思。

　　對於他們的爭論，我們既不感興趣也沒有必要作出評判，因為這是那些有知識成就的法官和思想史專家的特權。但是他們的爭論對我們並不是毫無啟示，因為透過這些同時出現的思想，我們最起碼可以證明，文化遺產已經為它們的出現提供了適宜的土壤，而且在社會的引導下，越來越多的思想家開始關注這些思想問題。

不可否認的是，有太多證據可以證明勒龐的觀點在某些方面反映了當時的文化現象。只不過，這些理念遭遇了與十七世紀格蘭維爾的氣象學比喻一樣的命運，即在它還沒有被懷特海（Whitehead）復活之前，一直被人們忽視。如果一種將形成潮流的思想恰好迎合了當時人的趣味，一點也不奇怪。因為這種思想被群體接受並非空穴來風，而是社會結構自身因某種因素影響而出現了問題，或者是人們的思想觀念發生了變化，迫使一些跟時代不相符的思想退出了歷史舞臺，從而使一些以前根本不受重視的思想登上了大雅之堂。（當然，應該指出的是，並非所有的文化都受社會結構變化的影響，而且，相同的結構壓力對文化層次中不同的人群具有的導向作用是不同的，所以它們還會做最後的垂死掙扎。）

　　在一般情況下，思想的創造和普及需要特定的社會條件。所以說，勒龐的觀點和思想能夠迅速地普及，得益於那些讓他產生這種思想的重大歷史事件，也正是這些歷史事件，為勒龐和他的讀者之間架起了一座產生共鳴的橋樑。

布朗熱浪潮

　　了解了勒龐生活的時代背景，我們便可以明白，為什麼他所提出的關於群體成員的觀點能夠如此吸引讀者，以及他沒有辦法對此進行修改的原因。一八四一年，勒龐出生於法國。法

國當時的國王路易・菲利普（Louis-Philippe of France）一直被認為是具有革命家精神的君主，但意料之外的是，他最終倒戈成為了保守派陣營當中忠實的一員，這激起了激進主義者和空想社會主義者的怒火，他們開始更加大肆地傳播自己的思想。

終於這場憤怒演變成了戰爭，路易・菲利普被迫退位。經過了激烈的六月起義之後，工人階級也退出了歷史舞臺，路易・波拿巴（Louis Bonaparte）竊得了起義的果實，成為第二共和國的總統，繼而又稱帝繼續統治法國。當時，勒龐只有七歲，所以他無法理解波拿巴到底是利用了什麼手段將總統改為皇帝的。二十年之後，即十九世紀六〇年代，勒龐在回顧路易・波拿巴的統治時，顯然是傾向於贊同的，他認為波拿巴之所以那麼做是想讓民眾忘記色當戰役慘敗帶來的後果，忘記歐洲的存在，從而平息民眾的反叛意識。

巴黎公社統治法國期間，激進派以及共和派、普魯東派（Proudhonism）和布朗基派（Blanquism）等一夥烏合之眾成為了政權的主宰者，勒龐此時憂心忡忡。對於這次運動，即使是馬克思也懷有矛盾的態度，既說它是還沒有成熟的果實，又認為它是共產主義理論的一個很好的證明，是工人階級為獲得最終解放而進行的預演。當時的勒龐還只能算是一名不具備敏銳觀察力的思想家，但是他親眼目睹了當時政局的動盪，包括第三共和國對巴黎公社的審判、頻繁的政權更迭以及那些為了誘惑群體而做的宣傳。（當然，有時候這種做法非常奏效。）

此外，他還親睹了做事瞻前顧後卻又極其好戰的布朗熱將軍（General Boulanger）以迅雷不及掩耳之勢贏得群體支持的過程，這些經歷對他即將動筆的著作十分有用。

勒龐在書中一共提及了布朗熱將軍兩次。一次只是提到了他的名字，另一次則是暗示性的出現。當布朗熱將軍以暗示的方式再次出現時，證明了勒龐作為保守派的一員，對群體及其社會心理學的理解都是建立在他所經歷的所有事情之上的。他在書中這樣寫道：群體既可以充當劊子手屠殺生靈，也可以如烈士般英勇就義。（佛洛伊德對這種矛盾心理倍感親切。）

「他們可以為了信仰的勝利，不惜血流成河」（之後，勒龐自然而然地又為我們補充了與我們的目的相符的話）。若想見證群體做出的種種壯舉，我們不必重返英雄時代。起義中他們從不吝惜自己的生命，不久前，一位聲名鵲起的將軍輕易地贏得了上萬人的支持，這些人為了他的事業甘願赴湯蹈火。（見本書第二章）

顯然，勒龐在書中提到的這位將軍就是布朗熱。布朗熱將軍當年的「壯舉」至今讓法國人記憶猶新，但是美國卻早已將之拋到了九霄雲外。這就如同歷史上那些曇花一現的朝代一樣，如果它沒有將政權合法化，通常是不會被載入史冊的。但是在十九世紀八〇年代的最後五年裡，布朗熱將軍和他的追隨者們迅速崛起，並在全國掀起崇拜布朗熱浪潮、試圖篡奪政權的運動，其規模與發生在美國五〇年代最初五年的麥卡錫主義

運動和約瑟夫‧麥卡錫參議員（Joseph McCarthy）奪取政治權利的運動一樣。（值得一提的是，這兩項運動在細節上十分地相似，布朗熱最終以陰謀顛覆國家罪被捕，雖然最後成功逃離了法國，但還是以自殺結束了自己的生命，麥卡錫也好不到哪里去，政治垮臺後，他過了三年落魄的生活之後含恨離開了人世。）

以上我們談到的這些人和事，在時間和空間上都相去甚遠，所以很多人會認為這其實就是一些無聊的歷史對比。《烏合之眾》畢竟不是在寫歷史，勒龐只不過是想借助這些歷史事件分析出群體特徵和行為的相似之處，並找出細節上的差異。至於勒龐在書中首先提到布朗熱浪潮並不是為了歸納出群體社會心理的發展脈絡，但是不可否認的是，他確實對這段插曲投入了熱情，在這點上他和其他法國人有著本質的區別。

曾經短暫地成為人們崇拜偶像的布朗熱所演繹的歷史，在勒龐的筆下成為了反映領袖和群眾關係的社會心理學劇本。因為，畢竟布朗熱的歷史發生在勒龐寫書之前，所以我們這樣說可能更為恰當，即這部著作是作者對布朗熱及其追隨者所演繹的歷史的總結。當然，有一點我們絕對不可忽視，那就是布朗熱浪潮確實對勒龐挖掘群體行為的思想根源提供了依據。

布朗熱進入政壇之後平步青雲，成為了最年輕的法國將軍，進入了作戰部為激進派領袖克里蒙梭（Georges Clemenceau）制定卡必密決策，並通過改善官兵的待遇獲得了他們的擁戴。

他之所以能夠如此輕易地獲得軍人的支持，是因為現在的軍隊成員大部分是文官轉變而來的，所以他們缺乏職業軍人的吃苦精神和堅韌性格。

從政之後，因為沒有政治信仰，布朗熱能夠八面玲瓏地應付不同派別的人，成為了各個不同派別人們心中的偶像。尤其是那些站在第三帝國反對面的人們，堅信布朗熱一定能夠帶領他們推翻帝國，建立全新的社會。為了討好這些群體，他答應了他們提出的所有要求，如他答應戴魯萊德（Paul Déroulède）的愛國者同盟會盡一切力量將德國人趕出法國；答應波拿巴主義者會恢復帝國；答應保皇黨會恢復君主制。此外，他能夠讓利益對立的社會主義者、機會主義者、共和派以及激進派都將他視為自己人，並甘心情願地受他的領導，雖然他除了對自己的將軍地位感興趣之外，並沒有其他的政治傾向。之後，這些五花八門的群體在共同的目標下——反對現有的政權——結合在了一起。

之後，各類支持布朗熱的政治事情接踵而來，先是群眾利用巴士底獄紀念日公開表示會支持他，讓總統下野，當他終於在大選中獲勝之後，各類群體又高呼讓他進軍愛麗榭宮（Palais de l'Élysée，編按：法國總統官邸）；各類媒體也成為了他忠實的傳聲筒，爭先恐後地宣傳布朗熱及其運動，各類讚美之詞層出不窮，如獻給「我們勇敢的將軍布朗熱」、「啊！復仇將軍」及「希望將軍」，這些讚美之詞一方面真實地反應了群體內心最真

摯的情感，另一方面影響了他們的情感傾向，尤有甚者，人們還用他的名字為各類玩具、機械工具及燒酒命名。換句話說，布朗熱主義已經成了在短時期內不可扭轉的潮流，差一點就大獲全勝。我們已經無需再對這股浪潮詳細描述，因為它只是《烏合之眾》的一頁。（當勒龐提到一位聲名鵲起的將軍「輕易地贏得了上萬人的支持，這些人為了他的事業甘願赴湯蹈火」時，字裡行間便隱藏著這些事件。）

當然，書中還寫了布朗熱的其他故事，只不過這部分內容被一些概括性的語言掩蓋了，如關於巴黎群體喜歡搖擺不定的記述就暗示了布朗熱的下場，即今天他還是他們崇拜的偶像，明天便成了被唾棄的物件，當然其他地方的群體具有相同的稟性。除此之外，勒龐透過布朗熱浪潮能夠迅速擴散的原因，還得出了另外一個貫穿全書的重要結論，即就聲望的起源而言，取得成功是最大的成功。不僅如此，他還從布朗熱的垮臺中得出了關於聲望的另一論述，即就聲望的衰落危險而言，失敗就是最大的失敗，雖然關於這條他並沒有明確地提出來，我們還是能夠體會的到。所以，當法國的一些政客不斷找出他的弱點之後，他很快便失去了所有的支持人群，一如他的得勢一樣地迅速。

失勢的布朗熱終於被執政者以陰謀顛覆國家罪逮捕，不過他僥倖地和情婦一起逃離法國，到了布魯塞爾。顯然地，那裡的人不歡迎他，於是他不得不輾轉至倫敦、澤西等地，但是最

終他還是回到了布魯塞爾。在異國他鄉流放的過程中，他依舊沒有被擊倒，甚至一度保持樂觀的心態繼續發表一些根本就沒有人認可的言論。隨著時間的推移，他終於意識到了，那些曾經狂熱擁戴他的群體現在已經成為其他政客的支持者。在他的政治夢想徹底破滅之時，他的情婦也因病去世了，在雙重打擊下，他選擇了以自殺的形式結束自己的痛苦。

歷史在勒龐眼中永遠是矛盾的

　　看到一切的不僅只是勒龐，還有他的同代人。不同的是，勒龐對這一切進行了思考，並透過這次事件看到了巴黎群體是怎麼迅速地將他們曾經的英雄拋到九霄雲外，去參加萬國博覽會的。在之後發生的眾多事件中，艾菲爾鐵塔的建立是最耀眼的明珠，它那高聳入雲的鋼鐵身軀預示著一個新世紀的到來，而且這個新世紀將代替之前的石頭城市。在對群體具有的輕信和善變進行探討時，勒龐從他們對末路英雄的報復性行為中找到了證據，「群體喜歡踐踏他們曾經推崇的權威」。（見本書第七章）

　　勒龐把自己觀察到的一切都以概括的方式寫進了《烏合之眾》中，雖然布朗熱浪潮不能為他的社會心理學研究提供足夠的證據，但至少可以讓他看到群體的某些稟性。在布朗熱浪潮結束之後，法國歷史又上演了雷賽布（Lesseps）戲劇的尾聲，

他是一個具有堅定意志力的人，曾經成功地帶領人們開通了蘇伊士運河，但後來，他同樣敗在了這項事業上，那是因為他年事已高，包括意志力在內的一切成就事業必需的特質都屈服在蹉跎的歲月面前了。在八十八歲高齡時，他被判了五年的徒刑。對此，勒龐無法掩飾他內心的憤慨，也沒有辦法只以學術的觀點來評價此事，於是，在《烏合之眾》中隨處可見他對群體攻擊這位「歷史上最了不起的英雄之一」所表現出的不滿。

這件事一直被充分理解其含義的法國民眾視為「大事件」，但是它是否為勒龐寫書提供了依據，我們不敢妄下論斷。就在勒龐開始寫《烏合之眾》的時候，又發生了另外一件對他寫書極有幫助的事件，即德雷福斯上尉（Alfred Dreyfus）因叛國罪被剝奪了政治權利並流放到惡魔島上服役。德雷福斯是阿爾薩斯人，是第一個進入總參謀部的猶太人。法國民眾之所以會這樣對待德雷福斯是因為受到了總參謀部的挑撥，當然這次事件的後果不僅局限於此，因為它還為勒龐的書提供了新的必要證據。需要指出的是，一八九四年是群體排斥外來種族情緒最高昂的一年，這種情緒足以傳染到所有不同的群體，其嚴重程度使一向對政治毫不關心的法國人（但願這個稱呼不會自相矛盾）也不得不關注，更不用說像勒龐這樣敏銳的觀察家了。

現在也許大家該明白勒龐為什麼會聲稱《烏合之眾》並不是以法國大革命為基礎的群體行為社會心理學著作了吧。因為這種說法並不確切，勒龐在書中所選取的五十個事例中有三十

多個是在講法國大革命之外的事件，比如說拿破崙的發達史，而且大部分都是他親眼目睹的。或者說，勒龐之所以要選擇大革命時期的事件有兩個原因，一是作為法國的一分子，他沒有辦法擺脫大革命造成的影響，二是他要想對群體特徵有更加深刻的了解，就必須去留意跟大革命有關的事件，當然這個原因已暗含在書中。他為了更加隱蔽地批評現實生活中的群體稟性，不得不利用大革命時期的群體做偽裝。

可能很多人會有這樣的感覺，在閱讀勒龐的書籍時，常常會覺得他應該經歷過大革命，但是事實卻並非如此，他的壽命只有九十歲，而且《烏合之眾》問世時，他已經五十五歲了。即使是這樣，他對生活在同一時代的群體觀察足以為他的社會心理學研究奠定堅實的基礎。當這種想法出現在他的腦海裡，他甚至可以更改聖保羅大教堂唱詩班入口處那句紀念雷恩的銘文，並向同時代的人大聲疾呼：「如果你們想知道我的思想來源，就好好觀察一下你的周圍吧！」

事實也確實是如此，過去的歷史不可能成為《烏合之眾》的唯一理論來源，也不會是其主要的依據。人們之所以會得出與此不同的看法，是因為他們一直對以歷史做學術研究持有矛盾的態度。在寫書的過程中，勒龐突然發現，原來所謂的歷史記載根本起不了任何作用，於是他發出了如此感慨「歷史完全是一派胡言」。之後，經過亨利·福特（Henry Ford）的渲染，這句話被後人廣為流傳。

當然，和勒龐比起來，亨利・福特是在沒有任何目的性的情況下說出這句話，但是勒龐是懷著這樣的心情去說的：「史學著作只能被當作是對一知半解的事實做出自以為是的記述，再加上一些思考後得出的結論。寫這種東西無異於浪費時間。」（見第二章）為了得出以上的結論，勒龐對歷史的命運進行了分析，他認為「如果歷史沒有留下文學、藝術和其他方面的傳世巨作，我們根本不可能了解歷史真相。而且，即使有真實的記錄，利用文獻的人都會傾向選擇自己認為對的事情，所以後人還是沒有辦法看到歷史的原貌。

　　但是之後他又否定了自己的看法，因為他發現完全脫離了歷史，根本沒有辦法探討群體的行為特徵，為此他還寫了好幾本著作。當他在一九一二年發表《法國大革命和革命心理學》（ *La revolution francaise et la psychologie des revolution* ）時，他又回歸到了之前的看法上，即歷史根本沒有辦法還原到真實的狀況。

　　勒龐畢竟也是普通人，所以他沒有辦法擺脫普通人都有的矛盾心理，於是他提出一種折衷的理論，使他既能擺脫歷史的控制，又能用歷史來證明自己的理論。這個合理化的理論迷人而簡單，「像赫丘利（Hercules）、佛祖或穆罕默德（Mahomet）這些在人類歷史上舉足輕重的人物，在歷史紀錄裡有關他們生平的記錄有一句是真的嗎？完全可能一句都沒有。」接著他又說：「事實上，他們的真實生平對我們來講起不了什麼作用。

我們關心的是這些偉人在大眾神話中是以什麼樣的高大形象征服他們的偶像。因為對群體心理產生影響的是神話中不朽的英雄，而非現實中一時的英雄。」（見第二章）

雖然我們沒有辦法苟同勒龐關於真實歷史與大眾神話之間妥協的做法，但是對於他產生這兩種矛盾心情的原因卻必須給予同情。他為後人揭示了一個重要的觀點，即決定人們歷史地位的重要原因不是他們的本來面目，而是後人對他們的認知，所以真實性和表象之間不存在必然的聯繫。

在與以上複雜的矛盾作鬥爭時，勒龐的觀點開始接近於湯瑪斯定律（美國社會學家湯瑪斯提出的觀點），即「假如某種條件被群體認為是真實的，那麼其結果也往往是真實的。」他的結論直到很久之後才被後人真正地理解，即人的真實形象在影響其接受群體中所起的作用。勒龐一直在不斷尋找造成他矛盾思想的根源，在這個過程中他得出了一種值得後人探討的見解：神話歷史對社會現實歷史的影響。

勒龐雖然使盡渾身解數，依舊敗給了那些學者。他們以讓人根本無法理解的分析否認了歷史能夠為人類生活中的某些一致性因素提供材料的事實。可悲的是，勒龐沒能超越他的同代人和後代人，和他們一樣地認為歷史只是一種表象，而歷史史籍的事件也都是獨一無二的。

如果事實真如勒龐所言，歷史不能夠用一些讓人覺得似是而非的語言，為後人探尋人類的軌跡以及社會制度、結構變遷

中的相同因素提供充足的基礎，那麼勒龐的所作所為真的是在浪費大家的時間。

對於這種顯而易見的錯誤觀點，也只有那些得以繼承先人遺產的人才能用鄙視的眼光看待它。（《烏合之眾》問世後的第六年，傑出的德國哲學家李凱爾特〔Heinrich Rickert〕和文德爾班〔Wilhelm Windelband〕依舊在試圖解釋歷史為什麼只能描述特殊的現象，而且這種描述完全不同於物理學和生物學中發現的相同因素。不過到了後來，終於有人站出來否認在研究歷史普遍規律或概括性規律以及獨特或單獨現象之間的錯誤畫分，最顯著的例子是柏拉圖的觀點——「歷史絕不會重複」與「相應的歷史在某些方面總是會出現重複」都是正確的。）

不過可喜的是，勒龐在之後的實踐中否定了他之前給予肯定的觀點。他在以往的歷史中找到了具有獨特性的歷史事件，並從中抽出某些重複的現象，歸納出了人類行為中假定的相同因素。

勒龐不是先知

不過有一點需要說明，即我們應該正確的對待勒龐所做的努力，切勿將一些他實際上沒有總結出的論點歸在他的名下。在讀了《烏合之眾》之後，大家可能會發現，勒龐並沒有為了使自己的觀點經受得住推敲而有系統地收集證據，換句話說，

他沒有使用方法論的方式，而是採用觀察法來選取自認為會對得出結論有重要作用的、歷史上的奇聞異事來作為思想的基石，當然，他所採用的方法不僅在當時很流行，現在依舊很盛行。

他的方法雖然有缺陷，但是不可否認的是，他的很多觀點雖然很粗糙卻是正確的。不過，這些觀點還有待後世的社會科學家付出大量的艱辛努力來完善，因為這些科學家從來都不會甘心從現有的觀點高峰跨到另一個觀念高峰，他們總是會在跨越之前先跋涉於方法論研究的峽谷之中。

如果作者沒有為思想的傳播提供一個堅實的基礎，很容易讓讀者陷入誤區，沒有辦法分清楚哪些觀點是正確的，哪些是錯誤的。正確的區分錯誤觀念和創造性觀念最直接的方法就是看哪些觀念中的正確成分占的比例更大一些，這種方法對社會思想的領域和其他領域一樣適用。

就此而言，勒龐的書受到了更多的質疑，這也是他的書能夠具有持久影響力的原因所在。有時，正如佛洛伊德所暗示的那樣，勒龐的觀念不斷遭到質疑，可是他卻絲毫感覺不到，自以為自己的書是如此地受歡迎。不過有一點毋庸置疑，那就是勒龐的觀念比起社會哲學家的觀念顯然要受歡迎得多。

如果將勒龐比喻成擅長知識競賽的學者和社會學的先知，就會鑄成新的錯誤，即混亂的形象化比喻和迷戀時代錯置的行為。不過這個比喻還是有可取之處，他努力地嘗試給自己接觸

到的所有棘手問題都做一個合理的解釋，這些解釋為他的後繼者們提供了依據，從而使他們得出了比勒龐更精闢的論斷。

此外，繼勒龐之後，以研究群體行為為主的社會學家也曾用過上面那個不倫不類的比喻，如社會學家拉扎斯菲爾德（Paul Lazarsfeld）和社會哲學家奧爾特加‧伊‧加塞特（Ortega y Gasset）就是曾在書中採用過。拉扎斯菲爾德在《社會研究的語言》（*Language of Social Research*）一書中寫道：奧林匹克運動會上各項體育競技紀錄提高的原因並不是進化的作用，而是因為人類加強了對這種能力的訓練。也正因如此，幾乎每一代人都會看到上一代人的進步，但是能力卻不比他們的前輩更高。

在另一本著作《群眾的反叛》（*La rebelión de las masas*）中，我們看到了相同的觀點，而且本書作者還將這種現象類推到了其他科學領域。在人類文化的所有領域，藝術和道德除外，幾乎都可以找到這種早已過時了的進步觀的影子。所謂的進步觀是指不斷積累的知識以及有益的思想與行為能力的提高。因此可以這樣說，《烏合之眾》中的某些觀點，一直被另外一種思想利用和改進，雖然這種思想的提出者的能力並不比勒龐強，甚至還不及他，但是聲譽卻遠勝於勒龐。

在一些讀者的眼裡，勒龐的觀點很有遠見。當他在書中如先知般的預言「我們即將要進入的就是群體時代」時，他所說的群體主導歷史是指，群體的某些意識開始覺醒並開始發揮作

用，後來的柯拉蒂尼、奧爾特加‧伊‧加塞特、紐曼、弗洛姆和阿倫特等不同意識形態的作家，都曾對這一觀點進行過更深入的探討。

除此之外，勒龐還有另外一項頗有預見性的觀念，即群體中的成員最終會被大眾文化所吞噬視平庸而低俗的文化為最有價值的東西。在勒龐的眼裡，現在的群體比過去的群體更易於受周圍環境和人的影響。他的這一觀點很容易讓人想到後繼者對當代人失去自我判斷能力的關切。

社會學家帕克和伯吉斯（Ernest Burgess）對勒龐的這一觀點如是評價：他不僅預見了群體時代的到來，還提出了很多關於群體稟性的真知灼見，他所使用的方法現在已經被社會學家繼承並發展。

關於勒龐觀點中最後一個具有先見之明的例子是，他意識到了群體在歷史發展中不可替代的作用。他說，這是一群毫無組織的人，但是因為他們關注著相同的社會焦點，所以在一定程度上表現出了與有組織的群體相同的心理行為。雖然受時代的限制，他沒有能夠預見廣播和電視等媒體對群體的影響，但是他看到了報紙對群體思想的作用，即先以迎合群體情感的方式，將群體引入它們設定好的管道。

用恰當的行話說，勒龐所有的預見，無論是否精確，只要能夠指出人類社會中曾經不斷出現的某些方面，就會為後人把握未來提供一些很好的借鏡。當然，這並不是說勒龐如同先知

一樣擁有超強的能力。因為先知能夠預測出未來事件的發展趨勢，但是他卻不能；換句話說，研究社會運行的學者不能夠預言社會未來的發展趨勢，甚至只指出一些細節性的東西都不可能。即使是有些人將他視成先知，他能做的也只是盡自己最大的努力找出一些能夠表明社會發展跡象的條件。

當他在生活中遇到一些問題時，也只會偶爾預測一下這些問題在未來可能會出現的，如人口過剩造成的後果，但是他們並不會說出這些事件出現所需的條件。當然，他這樣做是因為他意識到了自己沒有先知的能力。

除此之外，他們與先知還有一處不同，即社會學家會從自己的失敗中吸取教訓。假如他們預測的某些跡象沒有發生，而且促成跡象發生的條件已經具備，他們就會坐下來重新審視自己的觀點和證據，反省自己的思路，就如同有人給他們下達了指示一樣。

先知卻恰好相反，即使他的預言落空了，他們還是會鍥而不捨地對其投入更多的關注，而不是去重新審視自己對於事物如何發展的認識，也不去重視預言與現實之間的差距。尤其是那些成功的先知要做到這一點更加容易。古人對此曾給出精確的概括，即先知們在面對失敗時能夠用嫻熟的技巧替自己辯解，從而保住顏面，使他的追隨者們繼續堅信他具有超凡的能力。

比較社會學家與先知，其實並沒有脫離我們的主題。因

為，當代的一些人在重溫勒龐的某些觀點時，往往會將他在一八九五年所說的話視為對後來事件的預言。這種看法不僅錯誤，而且還給勒龐強加了一些他根本不具備的本領，雖然他偶然也會表現出這方面的特徵，但是他根本不適合這種角色。

種種跡象表明，勒龐想成為一名有成就的社會科學家。但是，跟他同時代的涂爾幹（Émile Durkheim，他開啟了社會學思想和社會研究的新紀元）相比，勒龐從來都不會循規蹈矩地收集資料並進行分析，然後來否定自己某些錯誤的觀點。

社會學研究還處於初級階段，勒龐雖然具備社會學家所具有的堅定信念，但是他缺少能夠使他的研究具有說服力的正確工作方式。他有和其他社會學家一樣的意圖，卻只有政治家的收穫。但不可否認的是，由於他具備對社會學的敏銳感知，所以他得出了很多有價值的觀點。

我們看到《烏合之眾》的內容有很多不平衡之處，如觀察的特質不平衡，根據觀察作出的推論也不平衡。而且這種不平衡充斥著各種觀點，這些觀點有些是正確又有實際意義的，有些雖然正確但是對現實並沒有絲毫作用，還有一些乾脆不正確，但是有益於啟發後人得出正確的觀點。

不幸的是，也有一些觀點既不正確也不會有任何啟發。我們只能得出這樣的結論：勒龐也是普通人，沒有辦法正確評估他提出的所有觀點。因為這些觀點都是他腦中的產物，所以他顯然對它們一視同仁並厚愛有加。他對待這些觀點的態度就如

同寓言中好善樂施的人，只要是他的兒孫，無論他是否喜歡都會一樣地疼愛。

因為《烏合之眾》是一本關於社會心理學的作品，而不是關於群體的編年史，所以書中的內容有許多與我們生活的時代並不相符。

勒龐作為保守派的一員，對無產階級的日益壯大憂心忡忡，但是，他的保守主義跡象、對社會主義的仇視、獨特的種族情緒以及將婦女視為最沒有主見、缺乏理性、判斷力與批判精神、態度極端、缺乏道德的人、根本沒有辦法和男人相媲美等觀點都只是書的外表，即使將這些觀點全部去掉，也不會影響勒龐對群體行為的基本認識。

現在我們只討論「種族因素和束縛我們的日常規律」是「決定我們命運的神秘主因」這一觀點。勒龐和他同時代的許多人都持有這一觀點，但是，這種觀點就如同勒龐所言，是十九世紀五〇年代戈賓諾（Hoseph Gobineau）所創立的那種種族主義，是種族主義世代相傳且不會發生顯著改變的基礎，為他們壓迫「劣等種族」提供了理由。

在勒龐的概念裡，「種族」的內涵不易理解，它和「民族性格的構成」極為相似，如當他提到「西班牙種族的遺傳本能」時，或是偶爾提到所有地方的群體都具有女性所具有的特徵，而且拉丁民族在這方面表現最突出時，我們就可以很輕易地理解這一點。但是我們並不能因此而認為勒龐有種族偏見，

因為「種族」本身就具有這樣的特性，即適合各國人民和民族的特性，但是有一點毋庸置疑，那就是勒龐對人類學的無知。

　　我們可以從這本無論是對我們生活的時代還是勒龐的時代都具有一定現實意義的書中，歸納出一些觀點，當然這些觀點是根據書中所寫的關於群體行為共同特點的重要事件整理出來的，即書中所闡釋的觀點，幾乎每一條都可以在前人的言論或書籍中找到痕跡，而且嚴格來講，這些觀點有些還有失偏頗，其內涵和表象具有一樣多的意義，作者的眼光時而放眼世界，時而又只局限在法國；某些觀點既有預見性，又和時代相脫離；他有效地利用歷史事件，又不斷地否定這些事件的真實性和有效性。當然，除此之外，還有一些亂七八糟的觀點，但是這些對《烏合之眾》的價值沒有任何影響，它依舊是一本很值得研究的著作。

　　　　　　　　　　　一九六〇年一月，哥倫比亞大學

　　　　　　　　　　　羅伯特・墨頓（Robert Merton）

編按：羅伯特・墨頓為二十世紀美國知名的社會學家，其畢生大部分的研究歲月都在哥倫比亞大學度過，並曾榮獲該校的最高榮譽「大學教授」（University Professor）資格。一九九四年，墨頓更因為在社會科學領域的卓越貢獻，獲頒美國國家科學獎章（National Medal of Science）。本文譯自 Merton, Robert K. (1960) 1963 The Ambivalences of Le Bon's *The Crowd*. Pages v-xxxix in Gustave Le Bon, *The Crowd*. New York: Viking.

前言

　　這部作品詳細描述了多種群體的特徵。

　　遺傳賦予種族中個體所有的共同特徵構成了種族特徵。然而，當一定數量的個體為了某項行動聚集成群時，僅僅從他們群聚這一事實我們就會發現，除原有的種族特徵之外會出現某些新的心理特徵，有時兩者差異相當之大。

　　在各民族生活中，組織化群體一直扮演著重要的角色，然而從未有如現在這般重要。當代的主要特徵表現為群體無意識行為取代個體有意識行為。

　　我竭力通過完全科學的方法來考察群體帶來的難題，這種科學的方法不受各種觀點、理論和學說的影響，而是不斷地在方法上下功夫。我相信這是發現真理的唯一方法，尤其在這個莫衷一是的問題上，情況更是如此。決心證實某種現象的科學家是不會考慮自己證實的結果會觸動到誰的利益的。著名的思想家高布利特·德阿爾維耶拉（Goblet d'Alviela）曾在最近一本著作中表示，不屬於當代任何學派的他，偶爾會發現自己的意見與各學派意見相對立。我希望這部新作亦能獲此評價。若屬於某個學派，則必然會擁護該派的偏見與先入為主的觀點。

這裡我還是應該解釋一下，為何讀者對我的結論可能一開始無法接受。例如，儘管我指出包括精英人士在內的群體心理極端低劣，我仍然斷定干涉他們的組織是危險的。

原因在於，對歷史最仔細的觀察一致表明：社會組織與所有生命體一樣複雜，我們絕沒有能力使它們在頃刻之間發生深刻的變化。大自然有時會用一些根本的方法，但絕不是我們這一套。對民族而言，最致命的莫過於對重大變革的狂熱，無論這些變革在理論上有多麼美好。然而，只有當變革使民族特徵即刻發生變化，才算是有用的。只有時間具備這種變革性的力量。人類受各種思想、觀念和傳統習慣的支配——這些對我們極其重要。制度與法律是我們特徵的外在表現，反映我們的需求。作為種族特徵的產物，制度與法律不可能改變這種特徵。

社會現象的研究與產生這些現象的民族研究是分不開的。從哲學意義上說來，這些現象可能具有絕對價值，但實際上它們卻僅具有相對價值。

因此，在研究某一社會現象時，必須從兩個不同的面向依次進行考慮。我們會看到純理性學說常常與實用理性學說背道而馳。這一特徵幾乎在所有資料中都可發現，甚至在物理學資料中。從絕對真理的角度看來，一個立方體或一個圓是由一定公式嚴格定義的不變幾何圖形；從我們的印象看來，這些幾何圖形在我們眼中呈現出各種形狀；從透視的角度看來，立方體可以變為椎形或正方形，圓則可變為橢圓或直線。此外，對這

些虛構形狀的思考遠比對它們真實形狀的思考更為重要。

因為正是我們看見的這些形狀，也只有這些形狀能在攝像或照片中加以重現。有時候不真實的東西比真實的東西包含著更多的真理。按照物體確切的幾何形狀呈現它們時，可能會扭曲其特性，從而變得不可認。設想一下，如果世界上的居民只能複製或翻拍物體，卻無法接觸，他們就很難對物體的形狀形成一個準確的概念。如果有關這種物體形狀的知識只被少數知識分子了解，也就沒有多少意義了。

研究社會現象的哲學家應當記住：這些現象不僅具有理論價值還具有實踐價值，而且就文明發展而言，只有實踐價值才具有重要意義。認知到這一點後，當他在對待最初強加於其邏輯之上的結論時，會更加小心謹慎。

還有其他原因促使他如此謹慎。社會現象如此複雜，根本不可能完全掌握並預見它們相互影響產生的後果。在可見的現象背後，有時似乎還隱藏著千種暗藏的原因。可見的社會現象似乎是巨大、無意識運行機制的結果，而這一運行機制通常是我們無法掌握的。可認知的現象有如波浪，它們只是海底深處那些我們一無所知的湍流的表象。

就群體的大多數行為而言，他們顯露出一種令人無法理解的低劣心理；而在另一些行為中，他們似乎受到種種神秘力量的支配，古人稱之為命運、自然或天意，我們稱之為靈魂之聲。雖然我們無視它的本質，卻不能忽視它的威力。在民族內

心深處，有時彷彿有一種潛在的力量指引著他們。例如，有什麼能比語言更複雜、更富邏輯、更奇妙的呢？如果不是群體無意識特徵的產物，這令人讚嘆的組織化產物又是從何而來？最有學識的專家、最具威望的語法學家也只不過是指出支配語言的規律，但他們是絕不可能創造出這種規律的。甚至偉人的思想，我們能肯定這完全是他們頭腦的產物嗎？毫無疑問，這些思想總是由獨立的頭腦產生，但是，難道不是群體特徵提供了成千上萬顆塵土，形成了它們生長的土壤嗎？

　　無疑地，群體總是無意識的，但或許正是這種無意識是他們擁有巨大力量的秘密之一。自然界中完全受本能支配的生物所做出的一些行為，其神奇的複雜性令我們目瞪口呆。理性是較為晚近的人類才具有的屬性，而且尚未達到可以揭示無意識規律的完美程度，要想達到這種程度仍需更多時日。無意識在我們的行為中起到巨大的作用，而理性的作用卻很小。無意識行為是一種無名的力量將我們推進。

　　如果願意，我們可以一直待在狹小而安全的範圍內，在此我們可以通過科學獲得知識，而不是徘徊在模糊猜想與無用假設之間，我們必須做的事情就是留心觀察那些我們接觸的現象並僅對它們做出思考。一般說來，我們藉由觀察得出的結論都是不成熟的，因為在這些清楚可見的現象背後，有一些是我們只能隱約觀察到的現象，而在它們背後還有一些是我們根本無法看見的現象。

群體時代

　　發生在文明變革之前的大動盪，如羅馬帝國的衰亡與阿拉伯帝國的建立，乍看之下是政黨更迭、外敵入侵或王朝覆滅造成的。但是，當我們對這些事件進行深入的研究，就會發現隱身在這些表面原因背後的真實原因——民族思想的深遠變革。真正的歷史大動盪，不是那些讓我們驚駭的宏大、暴力的場面，而是文明的重建，其使人們的思想、觀念和信仰發生變化。令人記憶深刻的歷史事件，不過是由人類思想的無形變化帶來的可見後果。這些大事件之所以並不常見，是因為人類種族最穩定的因素，莫過於歷代相傳的思想根基。

　　當前時代，正是這種人類思想發生變革的關鍵時期。

　　構成這種變革的基礎有兩個基本要素。第一是宗教、政治與社會信仰的徹底瓦解，因為文明的所有要素都根植於其中；第二是現代科學與工業的各種發現，創造出了一種全新的生存

環境與思想環境。

舊觀念雖已千瘡百孔，但仍具有強大的威懾力，取而代之的新觀念正在形成之中，因此現在的時代正處於過渡期，局面一片混亂。

這個必然有些混亂的時代將會發展成何種狀態，還很難說。繼我們生活的社會之後，接下來的社會將建立在怎樣的基本理念之上呢？目前我們無法知曉。但毋庸置疑的是，未來社會無論以何種方法進行組織，他們必須對這股新興力量——即群體力量——予以重視。因為，現在這股力量不僅已經擁有至高無上的權力，而且還將持久地存在下去。在過去無可置疑、如今已經腐朽或正在腐朽的眾多觀念的廢墟之上，在權力之源不斷遭到革命摧毀的殘垣之上，這股崛起的群體力量似乎註定將很快地把其他力量納入自身體系。當古老的信仰解體消亡時，當古老的社會之柱一根根傾倒時，群眾力量是唯一一股勢不可擋的力量，且日漸壯大。事實上，我們身處的時代，是一個群氓時代。

在一個世紀以前，歐洲各國的傳統政策和君主間的敵對是引發各種事件的主要原因。民眾意見對此起到的作用微乎其微，或者說根本不起任何作用。如今卻恰恰相反，過去得到承認的各種政治傳統、統治者的個人偏向及其相互敵對不再起作用了，民眾的聲音占據了主導地位，也正是這股聲音向統治者傳達了民眾的心聲。統治者的言行必須努力向這股聲音所傳達

的內容靠近。於是，現在國家的命運完全聽任於民眾的安排，不再受皇室的掌控。

一般平民大眾步入政界是過渡期最顯著的特徵之一，意即他們正日益轉變為統治階層。人們可能以為普選權的實行是這種政治權利轉移的顯著特徵，然而，在很長一段時間內，它沒有產生太大影響。民眾力量的不斷擴張始於某些觀念的傳播，當這些觀念慢慢滲透進人們的思想裡，致力於實現這些理論想法的個體便逐漸結成團體。也正是透過團體，民眾開始獲得一些同他們自身利益相關的觀念，（即便這些利益並不十分公正，也有著非常明晰的界定。）並最終意識到了自己的力量。之後，他們開始不斷地成立各種聯合組織，使一個又一個權力組織對他們俯首貼耳；他們還成立工會，不顧一切經濟規律試圖改善工作環境和工資待遇；他們也重返政府議會，那裡的議員懈怠、順從，只是委員會選出來的傳聲筒，幾乎什麼事也沒做。

今天，民眾的要求變得越來越明確，無異於要把現存的世界徹底推翻，他們企圖將社會帶回到文明降臨之前的原始共產主義，因為那時的人類群體正處於一種健康的狀態。他們的要求有：限制工作時間，將礦場、鐵路、工廠和土地國有化，平均分配所有產品，為了民眾利益消滅一切上層階級等等。

群體不善思考，所以易於採取行動。他們目前的組織使他們的力量日益壯大。我們親睹其誕生的那些信條，很快將具有

舊信條的效力，即不可置疑且獨斷至上的力量。群體的神權即將取代君主的神權。

那些與中產階級意氣相投的作家，最能反映中產階級相當狹隘的思想、僵化的觀點、膚淺的懷疑主義以及不時表現出的過度自我意識。這些作家因為看到這股新興力量正不斷壯大而感到不安。為了與人們混亂的思想對抗，他們向過去被他們嗤之以鼻的教會道德勢力發出了絕望的呼救。他們說科學已經淪喪並心懷懺悔地皈依羅馬教廷，提醒人們記住那些具有啟示性真理的學說。這些新的皈依者忘了，現在已為時晚矣。假使他們真的感動於神的恩寵，類似的行為也不會對他們的思想產生同樣的影響，因為他們並不大關心最近宗教信徒全神貫注的事情。今天群體否定的諸神，早已被其訓誡者否定並予以毀滅。沒有任何力量能夠使河水溯流求源，無論這種力量是來自上帝還是人類。

科學並未淪喪，也從未陷入目前這種思維混亂的狀態，而且新興勢力也並非從這種混亂的狀態中產生而來的。科學向我們預示的是真理，至少是一種以智力可以把握的知識，如各種關係之間的知識。科學從來不是和平或幸福的象徵。它高高在上，對我們的感情波動和悲慟無動於衷。我們能做的就是設法適應科學，因為沒有任何力量可以恢復被它摧毀的假象。

從所有國家存在的普遍現象中都可以發現群體力量正在迅速壯大，根本不容我們做如是理想的設想：群體一定會在不久

後停止發展。不論命運為我們預留了什麼，我們必須接受這種勢力。一切反對它的說理都只是徒勞無功的坐而論道。群體力量的出現很可能標誌著西方文明即將隕落，它可能徹底倒退到混亂的無政府狀態，而這是每個新社會誕生的必然前奏。但是我們可能阻止這種倒退嗎？

迄今為止，徹底摧毀一種衰落的文明是群體最明確的任務。這當然不是只有現在才能發現的跡象。歷史顯示，當文明賴以形成的道德力量失去效力時，它的最終瓦解總是由無意識且野蠻的群體完成，我們完全有理由稱他們為野蠻人。文明向來只由少數知識貴族階級創造並掌控著，而絕非群體。群體只有強大的毀滅力量。他們的統治總是趨向於野蠻時期的統治方式。一種有著固定規章制度和紀律準則、從本能的自發狀態進入到自覺的理性狀態的文明，屬於文化的高級階段。這種文化的高級階段決定了群體僅靠他們自己的力量是無法實現上述所有事情的，這點經由群體實踐得到了證明。由於群體力量的純粹破壞性使他們在文明發展中的作用類似於微生物，不是加速衰弱者死亡，就是促進屍體分解。於是，當文明的大廈開始腐朽，使它傾倒的總是群體。也正是這個關鍵時刻，使群體的主要任務變得清晰明瞭。此時，人多勢眾的原則似乎成了唯一的歷史準則。

我們的文明會經歷同樣的命運嗎？這種擔心並非毫無來由，但是目前我們還無法做出肯定的回答。

不論答案如何，我們必定會屈服於群體力量。因為群體缺乏遠見，這使得可能控制群體的障礙已被一一清除。

　　當群體逐漸成為談論焦點時，我們卻還對其知之甚少。專業心理學研究者常常忽視群體的存在，因為他們遠離群體生活，所以即使他們近來把目光轉向群體，也只對犯罪群體加以關注。犯罪群體的確存在，但是我們也會遇到英勇高尚的群體和其他各類群體。犯罪群體只是構成群體心理的某一特定階段。我們不能僅僅透過研究群體的罪行來了解群體的精神構成，就像我們不能只透過描述個人罪行來了解一個人一樣。

　　實際上，世界上所有偉人、宗教或帝國的締造者、信徒、傑出的政治家，甚至僅僅是小群體的帶頭人，都是自發的心理學家。他們本能地對群體性格有著確切的了解，也正是因為他們準確地把握了群體的性格特點，故能不費吹灰之力地確立起了自己的領導地位。拿破崙對其國家的群體心理有著深刻的了解，但是有時他對其他種族的群體心理卻一無所知。正是由於這種無知，他征戰西班牙尤其是俄羅斯時，使自己率領的軍隊多次遭受重創。這些致命的打擊註定會讓他在短時間內走向毀滅。今天，對於那些不想去控制群體，至少也不被群體所控制的政治家們（這正變得十分困難），掌握大眾心理學的知識已經成了他們最後的救命稻草。

　　唯有對群體心理有了一定認識，才能理解法律和制度為什麼對他們的約束力會微乎其微；並才能理解除了強加給他們意

見之外，群體是多麼缺乏堅持己見的能力。領導眾人，不能用那些以純理論公平學說為基礎的辦法，而要找那些讓他們印象深刻、能夠誘惑他們的學說。例如，打算新增一項稅收的立法者，應該選擇理論上最公正的辦法嗎？當然不是。實際上，對於群體而言，也許最不公正的恰恰是最好的。因此，那些隱蔽的、表面看來負擔最小的徵收辦法往往是群體最易接受的。

所以無論間接稅多高總是會被群體接受，因為每天為消費品支出少量的稅金不會干擾他們的習慣，況且這種行為是在不知不覺中完成的。用工資或其他任何一種收入的比例稅代替間接稅，將會造成一次性大筆支出，就算這種新的稅收辦法在理論上比其他稅收辦法帶來的負擔小十倍，仍會引起群體的抗議。

一次性大筆支出會使數額顯得巨大，因而引發人們的聯想。取而代之的是不易察覺的多次小筆稅金支出，所以新稅不會顯得沉重。但這種經濟行為所涉及的遠見，是群體所不具備的。

這是個最簡單而貼切的例子，人們很容易理解。它當然也沒有逃過拿破崙這位心理學家的注意。但是，由於現代立法者對群體特點的無視使他們無法意識到這一點。經驗至今沒有使他們充分認識到，群體從不按純理性的教導出牌。

群體心理學還有許多其他實際應用。掌握這門科學有助於我們更清晰地認識大量歷史和經濟現象，相反地，如果我們對

這門科學一無所知，那麼我們將會無法看透歷史。

我將指出為何當代著名歷史學家泰納（Taine）對於法國大革命中事件的看法有時也不完全正確，原因在於他從未研究過群體特徵。在研究這一複雜的歷史時期時，他用博物學家常用的描述性方法來指導研究，而博物學家研究的現象中幾乎不存在道德因素。然而，道德因素卻是推動歷史發展的主脈。

因此，僅從實際應用看，群體心理學是值得研究的。即便完全出於好奇心理，也是值得關注的。破譯人們的行為動機就像確定某種礦物或植物的屬性一樣有趣。我們對群體特徵的研究僅僅是調查結果的一種簡單概括和總結，除提出一些啟示性看法外，不要對這項研究抱太多期望，會有人為它打下更為牢固的基礎。今天我們只是對一片幾未開墾的處女地表層進行挖掘。

第 1 章
群體一般特徵──
受人擺布的玩偶

群氓之族

從一般意義上來講，「群體」是指個體的聚集體，無論這些個體屬於哪個民族、從事什麼職業或性別，也不管出於什麼原因走到一起。但是從心理學角度看來，「群體」有著完全不同的含義。在某些既定條件下，且只能在這些條件下，聚集成群的人們會呈現一些新特點，這些新特點完全不同於群體中個體所具備的特點。這群人的觀念與想法漸趨於一致，他們自覺的個性逐漸消失，形成群體心理。毫無疑問，這種群體心理是暫時的，但呈現出的特點是清晰、明確的。於是，這樣的個體聚合體成為一個組織化的群體──我姑且先如此稱之，因為沒有一個更好的說法；又或許心理群體這一名詞更為可取。它成了一個單獨的存在體，並受群體精神的統一支配。

很明顯地，僅僅由於一群人偶然發現他們彼此同處一地，並不能使他們獲得組織化群體的特點。從心理學角度看來，當一千個人偶然聚集在公共場所，沒有任何堅定的目標，他們根本不足以構成一個群體。要想具備組織化群體的特徵，某些前提條件必不可少，我們必須對其性質加以確定。

一個群體向組織化群體轉變的首要特徵是：自覺個性的消失以及觀點的明確轉變。因此，組織化群體並不總是需要一定數量的個體同時出現在某個地點。有時在某種強烈情感的作用下，數以千計的孤立個體也可能獲得心理學意義上的群體特徵，例如民族事件。在這種情況下，一個偶發事件就足以促成他們聚集起來展開行動，從而立刻獲得群體特有的特徵。有時，五六個人就可能構成一個心理學意義上的群體，而偶然聚集在一起的數百人卻算不上。此外，雖然不可能看到整個民族聚在一起，但在某些影響的作用下，它也會成為一個群體。

這種心理群體一旦形成，便會獲得某些暫時且明確的普遍特徵。除這些普遍特徵外，它還有獨有特徵。這些獨有特徵因群體構成要素的不同而各不相同，因此群體精神結構也會有差異。所以，心理群體是可分類的。當我們深入研究該問題時會發現，異質群體（即由不同要素構成的群體）與同質群體（即由派別、身分團體和階級等大體相似的要素構成的群體）會表現出某些相同的特徵，除這些相同特徵外，他們還具備使彼此相區別的獨有特徵。

在深入研究不同類型的群體之前，我們必須首先考察他們的共同特點。我將採取博物學家的研究方式：一般先描述一個族系全體成員的普遍特點，然後再研究其中不同種類相互區別的獨有特徵。

群體心理不易被精確地描述。因為它的組織不僅因種族和構成方式不同而不同，並且會隨群體所受刺激的性質和強度不同而改變。不過，個體心理學研究同樣也會遇到這樣的問題，因為個體性格終其一生保持穩定性的例子只有在小說中才會出現。只有環境的穩定性才會形成明顯的性格穩定性。我曾在其他文章中指出，一切精神結構都內含著性格變化的各種可能性，環境的突然改變會使這種可能性顯現出來。這解釋了為何法國國民公會中最野蠻的成員之前不過是些謙遜的市民。如果在正常情況下，他們會是溫和的公證員或高尚的地方官。風暴過後，他們又恢復了市民安分守己的根本性格。拿破崙在他們之中找到了最溫順的臣民。

我們不可能全面研究不同程度所組織起來的群體，我們只能更專注在那些已經完全達到組織化程度的群體。如此我們將能看到群體的發展趨勢，而非他們一成不變的樣子。因為，唯有在發達的組織化基礎上，種族所具有的穩定與主要特徵才會被賦予某些新的特點。這時，群體中所有人的看法與觀念都會轉向同一個方向。也只有在這種情況下，我在前文提到的群體精神統一的心理規律才會發生作用。

在群體心理特徵中，有的特徵與孤立個體是相同的，而有的特徵則完全為群體所特有且只能在群體中看到。這些特徵正是我們首先要研究的，以便揭示它們的重要性。

心理群體最顯著的特徵是：無論是誰構成群體，也無論他們的生活方式、職業、性格或智力水準是否相同，他們成為一個群體的事實使之獲得了一種共同心理。與他們處於孤立的個體狀態相比，這種共同心理使他們的情感、看法以及行為方式變得和平時迥然不同。若不是形成群體，某些觀念或看法在個體身上根本不會產生，或根本不會付諸行動。心理群體是一個由各種要素構成的暫時現象，當他們聚集在一起時，就如同細胞重新組合構成新生命體一樣，重組的新存在體表現出的某些特點與單個細胞所具有的特點大不相同。

令人訝異的是，與哲學家赫伯特・斯賓塞（Herbert Spencer）觀點相反，構成群體的人們不存在要素間的總和或平均值。實際情況是，隨著某些新特點的產生而形成了一種新的組合體，像是某些化學元素，如酸鹼反應後生成一種新物質一樣，這種新物質的特性與使之形成的那些物質特性相比，已大為不同。

證明群體中個體不同於獨立個體並不困難，然而要找出這種不同的原因並不那麼容易。

要想對其有一個大致的了解，首先必須記住現代心理學所主張的真理：無意識現象不僅在有機體活動中，也在智力活動

中起著絕對重要的作用。與精神活動中的無意識活動相比，有意識活動只具備很小的作用。即使是最細心的分析家和最敏銳的觀察家，也只能找出支配人們行為的無意識動機的一小部分原因。我們的有意識行為是無意識的深層精神結構的產物。這種深層精神結構主要受遺傳因素控制，包含了無數世代相傳的共同特點，構成了種族特徵。在我們公開的行為動機背後必然有一些我們不願透露的原因。然而在這些隱藏的動機之下，還有許多連我們自己都不知道的原因。我們大部分的日常行為都是由這些自己毫無察覺的動機引起的。

正是構成種族特徵的無意識因素，使種族中的個體彼此相似。然而因為遺傳因素而形成的有意識因素，或者是透過教育獲得的有意識因素，使種族中個體彼此相區別。在智力上差異較大的個體，卻擁有著十分相似的天性、愛好與情感。任何涉及情感的事情，如宗教、政治、道德、愛憎等，即使最傑出的人也很少比普通人處理得更出色。在智力上，一位偉大的數學家與鞋匠之間也許有著天壤之別，但在性格上，他們的差別往往微乎其微或根本沒有差別。

準確地說，種族中大多數人在同等程度上都具備這些普遍的性格特質，它們受無意識因素支配。正是這些特質構成了群體的共同特徵。在群體心理中，個體才能的弱化導致個性的趨同。異質性被同質性吞噬，無意識取得上風。

受人擺布的玩偶

　　群體共有的一般品質導致他們無法完成高水準的工作。涉及普遍利益的決定是由精英團體組成的議會做出的，但是來自不同行業的專家們並不比一群傻瓜所做出的決定更高明。因為，他們只能用每個普通人與生俱來的一般能力處理手頭的工作。群體中累加在一起的是愚蠢而非天生的智慧。如果我們把「整個世界」理解為群體，那麼根本不像人們常說的那樣「整個世界比伏爾泰更聰明」，確切說來應該是「伏爾泰比整個世界更聰明」。

　　如果群體中的個體僅把他們共有的一般品質集中在一起，那麼只會產生明顯的平庸，而非我們實際上想像的──會創造新的特點。那麼，那些新特點是如何形成的呢？這正是我們現在所要研究的重點。

　　不同的因素決定了群體獨有特性的表現，而且不受任何個體的支配。首先，僅從人數上考慮，當個體成為群體中一員時便獲得了一種不可戰勝的力量，這股力量使他聽任本能的支配。當他獨自一人時，他必將竭力壓制這種本能。因為，群體無名無姓，他難免會認為以群體之名遂無需承擔任何責任，一直以來約束著他的責任感便隨之全部消失。

　　第二個原因是，相互傳染的現象同樣影響群體特徵的表現以及發展方向。相互傳染是一種易於形成卻難以解釋的現象。

我們必須將其看作是催眠現象的一種，以下是一個簡要的解釋：在群體中，每種情緒與行為都具傳染性，這種傳染性可以使個體甘願為集體犧牲個人利益。這種能力與其本能相悖，如果不是成為群體中一員，他幾乎不會具備這種能力。

第三個原因，也是目前為止最重要的原因，它決定了群體中的個體特徵有時會與獨立個體特徵截然相反。這裡我指的是群體容易接受暗示的特徵，它恰好是上述相互傳染的結果。

要想理解群體的暗示性，我們必須記住近來某些心理學發現。

我們知道，現在有許多方法可以使人陷入完全失去個人意識的狀態，他對使自己失去個人意識的暗示者言聽計從，並做出一些與本人性格、習慣相對立的行為。最細緻的觀察資料似乎已經證明，當個體融入群體活動一段時間後，他很快會發現自己陷入了某種特別狀態——要嘛是因為受到群體暗示的影響，要嘛是因為一些我們不曾在意的原因。這種狀態好比催眠者進行催眠時，被催眠者著了魔似的聽憑催眠者的擺布。就被催眠者而言，他的大腦活動暫停了，脊髓神經控制的無意識活動主宰了他，因而受到催眠者的隨意支配。有意識人格完全消失，意志力與判斷力蕩然無存。所有情感與思想被催眠者掌控。

從大體上看，心理群體中的個體也處於相似的狀態。他們的行為不再是自覺的，如同受到催眠的人一樣，某些能力喪失

的同時，其他能力則得到極大凸顯。受暗示作用的影響，個體會在難以抗拒的衝動下完成某項行動。群體中形成的衝動比起被催眠者受到的衝動更加難以抗拒，原因在於暗示對群體中所有成員有著相同的作用，並經由相互傳染擴大影響。群體中具有強大個性而足以抵抗暗示作用的個體數量極少，因此難逆大勢。他們最多嘗試用不同的暗示來扭轉方向。因此，有時一句令人愉快的話語、一個適時喚起的形象，就可以阻止群體最殘暴的行為。

因此，我們總結出了群體中個體主要具備的特徵：有意識人格的消失，無意識人格的凸顯；藉由情感與觀念的暗示作用與相互傳染，使所有個體朝同一個方向轉變並立即將暗示轉化為行動。這些群體中的個體不再是原來的自己，他們已經成為不再受個人意志支配的機器人。

再者，僅就個體成為群體成員的事實而言，他們已在文明的階梯上倒退了好幾步。因為，當他們獨立存在時可能知書達理，但成為群體的一員後，他們卻變得野蠻無知，成為行為受本能控制的動物。他們變得無法自制且殘暴無比，表現出原始人類的狂熱與無畏。與原始人類更為相似的是，他們易受某些話語和形象的影響，而當他們獨立存在時，這些話語和形象完全起不了作用。他們也更容易做出一些與切身利益和日常習慣相悖的行為。群體中的個體，彷彿是空氣中的塵埃，可以被風吹到任何地方。

基於上述理由，我們看到陪審團做出了陪審員個人會反對的判決，議會通過了獨立議員會反對的法律法規。法國大革命時期，國民公會的成員各自獨立時是性情溫和的開明公民，然而一旦結為群體，他們就會毫不猶豫地擁護最野蠻的提議，將無辜的人送上斷頭臺。他們會一反常態，放棄自己神聖不可侵犯的權利，並將自己極度弱化甚至毀滅。

群體成員不僅在行為上和本人有著根本的差別，甚至在他完全失去獨立性之前，他的觀念與情感就已經發生了轉變。這種轉變是巨大的，守財奴可以變得揮霍無度，懷疑論者可以變得虔誠篤信，誠實正直的人可以變得如罪犯般窮兇極惡，懦夫也可以變得英勇無畏。例如一七八九年八月四日那個難忘的夜晚，法國貴族一時衝動，全體表決通過放棄所有特權。然而，如果換做任何一個貴族成員單獨決定這件事，他們每一人都是絕對不會同意這樣做的。

因此我們可以得出結論：智力上，群體總是不及獨立個體，但是從情感及其引起的行為來看，群體可能比獨立個體更好也可能更糟，全因環境而定。一切取決於群體所受的暗示性質，這就是僅從犯罪角度研究群體的學者完全忽視的一點。確實，群體經常罪行累累，但也不可忽視其不乏英勇無畏的壯舉。

正是群體而非個人，會為了某種信條或思想的勝利不顧生命，滿懷熱情地追求榮譽。這導致了像十字軍東征時期，幾乎

在彈盡糧絕的情況下，仍向異教徒討還基督的墓地；或者像一七九三年那樣捍衛自己的祖國。這種英雄主義行為無疑是無意識的，然而正是這種無意識的英雄主義行為鑄造了歷史。如果人類只是沉著冷靜的建功立業，世界史中便不會保留太多關於他們的記載。

第2章

群體態度與群體道德
（感情的傀儡）

在概括地闡述了群體主要特徵之後，我們將進一步更具體地研究這些特徵。

我們應當注意到，衝動、暴躁、缺乏理性、判斷力與批判精神、態度極端等群體特點，幾乎在女性、野蠻人和兒童等低級進化形態的生命體中都可以發現。這一點我只是順便提及，本書將不對此做論證。因為，這不僅對那些熟悉原始人類心理的人無多大意義，也很難使對此一無所知的人信服。

下面我將一個一個探討出現在大多數群體中的不同特徵。

群體的衝動、善變且暴躁
（群體是衝動的奴隸）

在我們研究群體基本特徵時曾表示，群體幾乎只受無意識

動機的支配。他的行為主要是受脊髓神經而不是大腦中樞神經的支配。就這一點來說，群體與原始人類十分接近。就群體執行力而言，他們可以表現得近乎完美。但是這些行為也不是受大腦控制，而是由其所受刺激因素決定。所有外部刺激因素都對群體有決定性的影響，並且他們的反應總是在變化，具體表現在他們不斷改變的言行上。

群體是衝動的奴隸。與群體成員一樣，獨立個體同樣會受到這種刺激影響，但是他的大腦會告訴他不要衝動，這是不明智的，因此他會控制自己而不受衝動影響。從心理學角度解釋這種現象，即是獨立個體具備控制本能的能力，而群體缺乏這種能力。

根據群體受到的刺激不同，他們聽從的衝動可能是仁慈的或殘暴的，也可能是英勇的或怯懦的。但是有一點不變，即這些衝動總是極為強烈，就連個人利益甚至自我保護意識都無法控制它。群體受到的刺激因素五花八門，並且總是屈從於刺激支配，因此他們極端善變。這就解釋了群體為什麼能夠在轉瞬間由兇猛殘暴變得英勇仁慈。群體既可以充當劊子手屠殺生靈，也可以如烈士般英勇就義。他們可以為了信仰的勝利，不惜血流成河。若想見證群體做出的種種壯舉，我們不必重返英雄時代。起義中他們從不吝惜自己的生命，就像是不久前，一位聲名鵲起的將軍（譯注：即布朗熱將軍〔General Boulanger〕）輕易地贏得了上萬人的支持，這些人為了他的事業甘願赴湯蹈火。

因此，群體在行事之前絕不可能做出任何計畫。他們可以被前後完全矛盾的觀點激發，但又總是受到此刻刺激的影響。他們彷彿是被狂風捲起的樹葉，四處飛散後飄落地面。下面我們將研究革命群體，並通過一些例子來證明群體態度的易變性。

　　群體的易變性使他們難以控制，尤其當他們掌握了一定的公共權力。當日常生活的各種必然規律不再具備潛在的調控力時，民主便不可能維持。群體雖有各種狂亂的想法，卻無法持久。因為群體無法做出任何長遠的打算或思考。

　　群體不僅衝動、善變，而且野蠻暴躁。他們從未想過有什麼事情或者人可以阻礙其欲望的實現。因為人數上的優勢讓他們覺得無所不能，所以他們不太能理解這種障礙。對群體成員而言，沒什麼是不可能的。獨立個體清楚地知道，孤身一人時他是不可能向宮殿縱火或搶劫商店，即使有了這樣的念頭他也能輕易擺脫。成為群體一員後，他會意識到群體賦予他的力量，這足以喚起他殺人、搶劫的念頭並立即付諸行動。任何意料之外的障礙都會被他們狂暴地摧毀。人類確實可以一直產生這種激憤情緒，或許可以這麼說，群體欲望受阻的正常狀態正是這種激憤情緒。

　　種族的基本特點是我們對事物產生不同態度的不變原因，它一直影響著群體暴躁、衝動和善變的性情，就像一直影響著我們必須研究的民意。

　　所有群體都是暴躁、衝動的，但程度卻大有不同。例如拉

丁人與盎格魯撒克遜人之間存在明顯的差異。有關這一點，最近的法國歷史事件為其提供了十分生動的說明。二十五年前，據說一份有辱某位大使的電報被公布後，引爆眾怒，立即導致了一場可怕的戰爭。幾年後，越南諒山（Lang Son）一份有關一場無足輕重的失敗戰役電文再次引起軒然大波，結果導致政府立即垮臺。與此同時，英國在遠征蘇丹喀土穆（Khartoum）時遭遇了一場相當嚴重的失敗，但在英國國內只引起了輕微的反彈，沒有任何一位政府官員受到牽連而被革職。

任何地域的群體都有些女性特質，拉丁族群最為顯著。凡是對他們深信不疑的人，命運都會發生極大改變。但是這樣做無異於行走在懸崖邊緣，註定有一天會摔入深淵。

群體的被暗示性與輕信
（群體永遠徘徊在無意識邊緣）

在說明群體時曾提到，它的一個普遍特徵是極易受人暗示，我們還指出在一切人類群體中暗示的傳染性所能達到的程度。這解釋了群體態度為何能迅速的朝某個方向轉變的原因。通常，群體總是在期待中關注某事，因此很容易被暗示，儘管人們認為這點不值一提。最初的暗示經過相互傳染後進入群體所有成員的大腦，接著群體態度趨於一致，並很快成為既定事實。

當所有個體處於暗示作用的影響下，進入大腦的念頭很容易轉化為行動。無論是縱火焚燬宮殿還是自我犧牲，他們都一樣毫不猶豫。這一切取決於刺激的性質，而不像獨立個體取決於受到暗示的行為與全部理由之間的關係，兩者關係可能互相對立。

　　因此，群體永遠徘徊在無意識邊緣，隨時接受一切暗示的指揮。他們表現出所有強烈的情感，這種情感是缺乏理性、批判力且極端輕信的人所獨有的。我們要牢記對於群體而言沒有「不可能」這個概念，這樣就可以輕而易舉地理解群體為什麼會有編造並傳播各種神話故事的能力了。

　　群體中能夠輕易地傳播神話的原因，不僅源於他們極端輕信，也是他們奇思妙想、過度歪曲的結果。一件最簡單的事受到群體關注後，很快會變得面目全非。群體透過形象思維將一連串前後毫無邏輯的形象喚起。就如同我們有時因為回想某件事情而引發一連串的聯想一樣，群體的這種狀態很容易被理解。理性告訴我們這些聯想是零散且不連貫的，而群體不僅無視這一點，還將扭曲的想像與真實相混淆。群體很少對主客觀的感念加以區分。他把腦中出現的虛幻形象當作真實的，儘管這些假象常常與我們看到的事實之間僅有一絲微弱的聯繫。

　　由於群體成員性格各不相同，因而他們歪曲所見事情的方式也應該不計其數。但情況並非如此。由於相互傳染的結果，這種歪曲是一致的並在群體所有成員中呈現相同形態。

群體成員對事實的第一次歪曲是傳染性暗示過程的起點。當耶路撒冷牆上的聖喬治（St. George）出現在所有十字軍官兵面前之前，在場的人中肯定有一個人首先感應到他的存在。在暗示和相互傳染的作用下，這個人編造的奇蹟會立即被所有人接受。

　　這種集體幻覺的作用機制在歷史進程中經常發生，這種幻覺似乎具備了真實性的所有特點，因為成千上萬人目睹了這些現象。

　　要想反駁上述所言，無需考慮群體成員的智力因素。因為自從他們成為群體一員的那一刻起，有識之士便與無知之輩同樣失去了觀察力。

　　這一論點似乎自相矛盾。要使人們深信不疑，必須對大量歷史史料進行研究，僅憑幾本著作是不能達到預期效果的。

　　然而，我不希望讓讀者覺得這些結論是未經證實的。以下我要給讀者舉幾個例子，它們都是從無數可以引用的事例中隨機抽出來的。

　　下面這個例子極具典型意義，因為它是發生在受集體幻覺支配的群體身上的事實。該群體成員來自各個階層，個人素質參差不齊，有最無知的人，也有最博學的人。海軍上尉朱利安・菲利克斯（Julian Felix）曾在他的《海流》（*Sea Currents*）一書中偶然提及過此例，此外，《科學雜誌》（*Revue Scientifique*）也曾加以引用過。

護衛艦「貝爾‧波爾號」在公海巡航，尋找在風暴中失散的巡洋艦「波索號」。當時天氣極好，陽光明媚，突然一個守衛發現了有船隻發出的求救信號。全體船員一齊朝信號指示的方向望去，他們清楚地看見一隻載滿遇難者的木筏被幾條顯示遇難信號的船隻牽引（然而這不過是集體幻覺）。艦隊司令德斯弗斯（Desfosses）命令船員放下一條船去營救遇難士兵。接近目標時，船上的官兵看到這樣一幅景象：在混亂的人群中，到處是伸著雙手求救的人，而且隱約聽見人們發出的混雜不清的哀號。但是當他們到達目標時卻發現，面前漂浮的不過是從附近海岸漂來的幾根長著葉子的樹枝。在真切的事實面前幻覺消失了。

　　在這個案例中，我們可以清楚地看到集體幻覺的作用機制。一方面，船上官員在期待中關注某件事；另一方面，守衛發出船隻失事的信號，這一暗示在相互傳染後，被在場全體官兵接受。

　　當眼前發生的事實遭到歪曲，真實被無關的幻覺取代時，並不需要許多群體成員參與這一過程。一旦少數個體聚成群體，他們會立刻呈現出在其專業之外，屬於群體的所有特徵，即使他們一個個學富五車，其獨立個體時所具有的觀察力、批判精神也會立即消失。敏銳的心理學家大衛（Davey）對此提供了一個有趣的例子，十分恰當地闡釋了這一現象，最近曾被《心理學年鑑》（*Annales des Sciences Psychiques*）引用。

大衛先生把一群傑出的觀察家召集起來，其中包括英國最著名的科學家——華萊士（Wallace）。大衛先生讓觀察家們檢查完物體並按照他們的意願對物體做好印記後，當眾演示了招魂術，即讓刻在岩石上的神靈現形的過程，然後讓他們寫下觀察記錄。在隨後的報告中，這群傑出的觀察家一致認為這種現象只有透過超自然的手段才能實現，而大衛先生表示他不過是用了點小把戲。

　　敘述這段事例的作者指出：「在大衛先生的研究中，最令人吃驚的特點不是神奇的騙術本身，而是外行旁觀者極度缺乏說服力的報告。」他說：「很明顯地，這些旁觀者都給出了有充分細節卻無法證實的完全錯誤的描述，但如果他們的描述被認為是正確的，那麼他們所描述的現象就不能用騙術解釋。大衛的方法簡單得讓人感到吃驚。但是他能夠控制群體思想，讓群體相信他們看見了自己沒有看到的東西。」

　　這個事例仍然是催眠者控制被催眠者的魔力。而且當這種魔力對於那些思維邏輯較強或原先抱有懷疑態度的人都可以發揮效力時，普通群體為何能夠如此輕易受騙上當就不難理解了。

　　類似的例子還有很多。當我在寫這些文字的時候，報紙上充斥著兩個小女孩在塞納河溺水身亡的報導。最初，五、六個旁觀者信誓旦旦地說，他們清楚地看到了那兩個女孩。所有證詞一模一樣，不容法官再有疑慮，於是簽署了死亡證明。但就

在為孩子舉行葬禮時，人們發現本以為死了的孩子還活著，並且她們和溺死的女孩並無多少相似之處。就像之前提到的幾個案例一樣，第一個目擊者本身就是幻覺的犧牲品，他的斷言足以影響其他目擊者的判斷。

在這類事例中，暗示的起點通常是由個人模糊回憶引起的幻覺，當最初的幻覺得到肯定後，就會開始相互影響。如果第一個目擊者不那麼堅持自己的觀點，除去所有與真實相似的地方，當他自認為辨認出的屍體呈現出某些引發聯想到另一個人的特徵時，如一道傷疤或是一些打扮上的細節，就會使他搖擺不定。當這種聯想變得清晰具體時就會干擾理解力，麻痺一切判斷力，並成為這一過程的核心。因此目擊者看到的不再是事物本身，而是在他腦海中喚起的幻覺形象。這就解釋了近來被報紙重提的舊聞中，母親為什麼會認錯孩子的屍體。在這個事例中，我們可以準確地找出上述幻覺作用機制中的兩種暗示。

那個男孩認出了這個孩子，但他弄錯了。接著一系列無根據的辨認就展開了：

一件特別的事情發生，就在那個男孩辨認出屍體的第二天，一個婦女驚叫道：「天哪，那是我的孩子！」

她去認領屍體時，先是仔細檢查了孩子的衣服，接著發現孩子的額頭有一道疤。她說：「肯定是我兒子，他是去年七月失蹤的，他一定是被人拐走害死的。」

這位婦女是福爾街的看門人，姓夏凡德雷（Chavandret）。

她的妹夫也被傳喚來了，而且他也確信：「那是小費利貝。」幾個住在這條街的人都把這個在拉弗萊特發現的孩子認作是費利貝‧夏凡德雷（Filibert Chavandret），其中還有孩子的老師，他是根據孩子佩戴的獎章做出判斷的。

然而，鄰居們、她的妹夫、老師以及孩子的母親都錯了。六週後，這個孩子的身分得到確認。他是波爾多人，是遇害後被一夥人運到巴黎的。

值得注意的是，這些誤認常常發生在婦女和兒童身上，也就是最沒有主見的人。他們顯示出，這種目擊者在法庭上絲毫沒有價值。尤其是孩子，決不能對他們的證詞信以為真。地方法官總是習慣性重複說孩子不會撒謊，他們只要有點心理學常識就會知道，事實正和他們所言相反，孩子們經常撒謊。雖然這種謊言是無心的，但它依然是謊言。正如經常發生的那樣，以一個孩子的證詞決定被告的命運，還不如用擲硬幣的方法來得更好。

回到群體觀察力的問題上，我們的結論是：集體觀察的結果極有可能出錯，多數時候只是個人幻覺，這種幻覺在傳染過程中極容易影響同伴。無數事實證明，明智的做法是完全不要相信群體證詞。在二十五年前的色當之戰（the battle of Sedan）中，數千人參與了著名的騎兵進攻，然而出於最矛盾的目擊證詞，根本無法確定是誰在指揮戰役。英國將軍吳士禮爵士（Wolseley）在最近出版的書中證明，時至今日，關於滑鐵盧

戰役（the battle of Waterloo）中最重要的事件上仍存在十分嚴重的錯誤，儘管這些事件的真相已被數百名目擊者證實。

這些事實顯示出群體證詞的價值。各類邏輯學專著提及許多證人的一致證詞，這些證詞都是支撐事實真相最強有力的證據。然而就我們掌握的群體心理知識而言，邏輯學專著在這一點上需要重寫。最受懷疑的事件一定是那些目擊者最多的事件。也就是說，當某一事件受到了數千名目擊者的證實，通常真相與公認的報導越會相去甚遠。

很明顯，上述種種現象表明史學著作只能被當作純粹想像的產物。它們是對一知半解的事實做出自以為是的記述，再加上一些思考後得出結論。寫這種東西無異於浪費時間。如果歷史沒有留下文學、藝術和其他方面的傳世巨作，我們根本不可能了解歷史真相。像赫丘利（Hercules）、佛祖或穆罕默德（Mahomet）這些在人類歷史上舉足輕重的人物，在歷史記錄裡有關他們生平的記錄有一句是真的嗎？很可能一句都沒有。事實上，他們的真實生平對我們來講起不了什麼作用。我們關心的是這些偉人在大眾神話中是以什麼樣的高大形象呈現。因為對群體心理產生影響的是神話中不朽的英雄，而非現實中一時的英雄。

遺憾的是，雖然書中明確記錄了各種神話故事，但是它們本身仍在不斷發生變化。隨時光的流逝，尤其是受種族因素的影響，群體想像力不斷改變這些故事。《舊約全書》中嗜血成

性的耶和華（Jehovah）與慈愛的聖德蘭（Sainte Therese）有著天壤之別，中國朝拜的佛祖與印度尊奉的佛祖同樣也沒有多少共同點。

英雄傳說被群體想像力改變而使得英雄遠離我們，不一定要花上數百年的時間，有時這種改變只消幾年的工夫。在我們生活的時代裡便可看到同樣的事情，一位最偉大的歷史傳奇人物在不到五十年的時間裡經歷了數次嬗變。波旁（Bourbons）王朝時期，拿破崙被塑造成了一位快樂祥和、嚮往自由的田園派慈善家兼謙卑的友人形象。在詩人筆下，拿破崙必將長期留存在鄉村人民的記憶中。三十年後，這位隨和的英雄成了一個嗜血成性的暴君，他在篡奪權利、破壞自由後，為滿足一己私欲發動了一場慘絕人寰的大屠殺，三百萬人命喪黃泉。現在，我們看到的這個傳奇人物的故事又有了新的變化。數千年後，未來的學者面對這些自相矛盾的記述，也許會對拿破崙是否存在過發生質疑，如同現在有人懷疑佛祖是否存在一樣。

在拿破崙身上，學者們看到的不過是一個光輝燦爛的神話，或是一個赫丘利式傳奇英雄的發展史。學者們當然能夠輕鬆應對這種變化，因為與今天的我們相比，他們對群體的特徵和心理會有更深的了解。他們知道除了神話，歷史幾乎保存不了什麼。

群體態度的誇張與單純
（群體只會被極端感情所打動）

　　群體情感不論好壞都會呈現出雙重性——極端簡單與誇張。這一點和許多其他方面一樣，群體成員作為個體出現時，與原始人類是相似的。他們無法對事物做出細緻的區分，只從事情的整體上觀察，而忽視中間的發展過程。任何情感態度的表露，通過暗示和相互傳染迅速傳播開來，從而強化群體誇張的情感。這樣明確得到群體認可的物件就會變得異常強大。

　　群體誇張而簡單的態度使他們對任何事情都不曾產生懷疑和猶豫。他們就像女性，會一下子陷入極端，懷疑一說出口，立刻成為不容置疑的證據。厭惡或對立的情緒不會對獨立個體產生很大影響，卻會在群體中立刻引起強烈的憎惡。

　　特別在異質群體中，其劇烈的情感又會因責任感的缺失得到強化。他們知道即便做錯事也不會受到懲罰，而且人數越多，這一點越肯定，這種由於人數上的優勢而獲得的一時巨大力量的想法，會使群體產生獨立個體不會有的情緒和行為。群體中愚蠢、無知和心懷嫉妒的人會擺脫自己卑微無能的感覺，從而產生殘忍、巨大的短暫力量。

　　遺憾的是，群體誇張的情感常常與反面情緒有關。這些情緒是原始人天性返祖遺傳的殘留，孤立且有責任感的個體會因為害怕懲罰而對此加以克制。因此，群體易於做出極端惡劣的

事情。

可是，這並不意味著群體不能在巧妙的影響下，表現出英勇無畏、無私奉獻和無比崇高的美德。他們甚至比獨立個體更能表現這些品質。在研究群體道德時，我們還將回到這個話題上。

由於群體慣於誇大自己的情感，所以極易被極端的態度影響。因此演說者要想激起群體的某種情感，必須言辭激烈、論點強硬。於是，在公開集會上，演說者總結出了最有效的論說技巧，如誇大其詞、妄下斷言、重複說明、絕對不採用推理的方式證明任何事情。

此外，群體對他們自己的英雄同樣具有類似誇張的情感。於是，他們往往會誇大英雄表現出來的品德。曾有人正確地指出，群體要求舞臺上的英雄具備現實生活中缺乏的勇氣、道德和優秀品質。

當人們在劇院中觀察事物時，會存在一種特殊的觀點，這是頗為重要的一點。這種觀點的存在是無庸置疑的，但是它的衡量標準基本上與常識、邏輯毫無關係。吸引群體的手段很顯然是低級的，但這也需要特殊才能。想要藉由閱讀劇本就說明它們成功的原因往往是不可能的。劇院經理接到這些劇本時，他們自己也不清楚這些劇本是否會成功。要想判斷劇本能否成功，他們就必須站在觀眾的角度去思考和欣賞。

如果再做一次更廣泛的說明，我們應該要提及種族因素的

絕對影響力。一部在某個國家掀起群體熱潮的戲劇，在另一個國家卻極可能慘澹收場，毫無成功可言，或者僅取得了部分且傳統的成功，因為它沒有產生影響不同種族人民的影響力。

群體的誇張性只表現在情感方面，對智力沒有任何影響，這一點無需更多說明。我曾指出，個體一旦成為群體成員時，他的智力水準會立刻大幅度降低。一位有學識的地方官員塔爾德（Tarde），在研究犯罪群體時也證實了這一點。所以，群體的情感要嘛無比崇高，要嘛極其低俗，別無其他可能。

群體的褊狹、專橫與保守
（群體是偏執和專橫的代名詞）

群體只知道簡單而極端的情感。他們對待各種意見、思想和信念，要不是全盤接受，就是一概否決；要不是視其為絕對真理，就是視其為絕對謬誤。通過暗示加以誘導而不是通過推理得出的信念通常亦是如此。我們意識到，這種褊狹常常與宗教信仰有關，並絕對控制著人們的思想。

一方面，群體不知道何為真理、何為謬誤；另一方面，由於他們意識到了本身力量的強大，於是讓自己的突發奇想變得偏執而專橫。個體能夠接受矛盾並展開討論，而群體絕對不行。在公開集會上，演說者哪怕有絲毫要提出辯駁的跡象，立刻就會遭到群體的怒吼和痛罵，如果演說者繼續堅持自己的觀

點，很快就會被拳打腳踢地轟下臺。如果沒有當權者代表在場管制，反駁者多數時候都會被打死。

專橫與褊狹是所有類型群體的共性，但程度有所不同。在這個方面，支配人類情感與思想的種族概念會重複顯現出來。尤其在拉丁族群中，專橫與褊狹已經發展到無以復加的地步。實際上，這兩種態度在拉丁族群中的發展，已經完全破壞了盎格魯撒克遜人強烈的個人獨立感。拉丁族群只關心他們所屬宗派的集體獨立性。這裡所謂的獨立性是指，令與拉丁族群信仰相左的人立刻改變其信仰，皈依於他們的信仰。自宗教法庭統治時期以來，在不同的拉丁種族中，各個時期的雅各賓黨人（Jacobins，編按：法國大革命時期的中產階級激進分子）從未能夠對自由做出另外一種解釋。

群體對專橫而褊狹的情感有明確的認識。他們能輕易地產生這種情感，一旦這種情感被強加於群體，他們會立刻將其付諸實踐。群體對權勢頂禮膜拜，卻對慈悲心無動於衷，在他們看來這只是軟弱的表現。他們對行事溫和的主人不屑一顧，對嚴厲欺壓他們的暴君卻俯首貼耳。因此，群體總是會為後者豎起最宏偉的塑像。但是也不可否認，群體喜歡踐踏被他們推翻的暴君，因為失去權利後，曾經的君主變成了一介草民；人們蔑視他，因為他不再讓人感到害怕。群體愛戴的英雄永遠像凱撒（Caesar）一樣。他的權杖吸引著他們，他的權威震懾著他們，他的利劍讓他們心懷敬畏。

群體隨時準備對軟弱無能者揭竿而起，對強權統治者俯首稱臣。如果強權勢力時起時落，群體總會受到極端情緒左右而表現得反復無常，時而肆無忌憚，時而奴顏婢膝。

然而，如果認為群體的革命本能永遠占據其生命的主導地位，那就完全誤解了他們的心理特徵。這是因為他們的暴力傾向朦騙了我們。一般而言，他們反叛與破壞行為的爆發總是十分短暫。群體主要受無意識因素控制，因而過於受到遺傳因素影響，難免會十分保守。如果對他們聽之任之，他們很快會厭倦這種混亂無序的狀態，從而本能地被別人支配。當拿破崙壓制了一切自由，讓每個人都強烈地感受到其鐵腕政策時，向他歡呼喝彩的正是那些桀驁不馴的雅各賓黨人。

如果不充分考慮群體深刻的保守本能，就很難理解歷史，尤其是人民革命。的確，他們有時候希望改朝換代，為了完成這些變革他們甚至會發動暴力革命，但是這些制度的本質在很大程度上代表著種族代代相傳的需求，從而使種族完全遵循這些制度。群體的多變性決定了他們的行為只會對一些表面事情產生影響。事實上，群體和原始人類一樣有著堅不可摧的保守本能。他們對一切傳統有著絕對神聖的尊崇，對一切有可能改變其生活狀態的新事物，內心卻深藏著無意識的恐懼。

在紡織機、蒸汽機和鐵路誕生的時代，如果民主派具有像今天一樣的權利，這些發明可能不會出現或者需要透過革命和不斷的殺戮來實現。對於文明的發展進步而言，值得慶幸的

是，在偉大的科學發明和工業出現之後，群體才開始掌握權力。

群體道德
（群體是矛盾共同體──為什麼今天殺人放火、無惡不作，明天卻可以犧牲和不計名利地獻身）

如果「道德」是指始終如一地尊重某種社會習俗，不斷抑制內心自私念頭的出現，那麼很明顯，衝動而善變的群體不可能具備道德。如果我們把群體某些一時表現出來的品質，如自我控制、自我犧牲、公正無私、獻身精神和追求平等也納入「道德」的範疇，那麼，我們可以肯定地說群體會時常表現出十分崇高的道德境界。

少數研究群體的心理學家僅從群體的犯罪行為對他們進行考察，在總結出他們的犯罪頻率後得出了這種結論：群體的道德水準十分低下。

情況常常確實如此。但是原因何在？

原因是源於原始時代野蠻、破壞的本能一直蟄伏在我們體內。獨立個體時，聽從這種本能是很危險的，但是當他成為不負責任的群體成員時，因為不用擔心受到懲罰，他會完全放任這種本能。一般情況下，我們不能向自己的同胞發洩這種破壞性本能，所以便將其轉移到動物身上。群體捕獵時普遍存在的

狂熱與殘暴有著同樣的根源。群體緩緩殺死一個毫無防禦能力的受害者時，表現出一種十分怯懦的殘暴。在哲學家眼裡，這種殘暴與幾十個獵人為了取樂，用獵犬捕殺一隻不幸的雄鹿時表現出的殘暴有著密切的聯繫。

群體有時殺人、放火，無惡不作，但有時也表現出無私奉獻、勇於犧牲以及公正無私這樣十分高尚的舉動，而且比獨立個體表現得更崇高。以名譽、光榮和愛國主義以為號召，最有可能打動群體，並常常使他們不顧生命，慷慨赴義。歷史上像十字軍戰士和一七九三年志願者這樣的例子不勝枚舉。可見，只有集體能夠如此大公無私、勇於奉獻。

群體為了自己了解甚少的信仰、思想和隻言片語，便敢於直面死亡，這樣的事例數不勝數。如，群體罷工更有可能是出於服從某個指令，而不是為了增加維持生計的微薄薪水。個人利益很少能夠成為群體行為的強大原動力，但卻是獨立個體行為的唯一動機。所以，在許多群體智力無法理解的戰爭中，支配著眾人的不是個人利益，他們甘願自己像一隻被獵人施了催眠術的小鳥一樣輕易地被人宰割。

甚至在一群十惡不赦的壞蛋中也會常常出現這樣的情況：他們成為群體成員之後，會暫時表現出對道德紀律的嚴格服從。泰納讓人們注意這樣一個事實：參與「九月慘案」的犯罪者將他們從受害者身上找到的錢包和珠寶放在委員會的桌上，他們本可以輕易地將這些東西帶走。一八四八年革命期間，當

杜勒利宮被侵占時，一群衣衫襤褸的人咆哮聚集在此，但是沒有一個人暗自侵吞那些讓人驚喜不已的物品，雖然其中任何一件東西都可以換取維持多日的食物。

群體對個體的這種道德教化作用，肯定不是一種不變的常規，而是一種可以看到的常態。甚至在不及我方才所提的那樣嚴重的情況下，也會看到這種道德教化作用。我曾提到劇院裡的觀眾要求作品中的英雄具備超凡的美德。其實在現實生活中也有這樣的事情，如在某個集會中，即使其成員素質低劣，通常他們也會表現得道貌岸然。在某些很危險的場合或交談中，浪蕩子、皮條客和大老粗常常會突然變得輕聲細語，即便與他們慣常的談話相比，他們不會受到什麼傷害。

雖然群體常常聽任自己低劣本能的放任自流，但也會不時地樹立高尚道德的行為典範。如果為了真實或虛幻的理想，能夠做到公正無私、言聽計從、無私獻身等美德，那麼我們認為就連最睿智的哲學家也無法企及。當然，他們踐行這些美德是無意識的，但也無關緊要，我們不該多加指責其過多的無意識支配而不善於思考。某些情況下，如果他們開始思考並顧慮起自身利益，那麼我們的星球根本不會出現文明，人類也不會擁有歷史。

第3章
群體的觀念、
推理能力和想像力

群體觀念
（群體是固有觀念的奴隸）

　　過去我在研究群體觀念對各國發展的影響時曾指出，每一種文明都是由少數且穩定的基本觀念結合而產生的，而且這些觀念很少受到革新風波的波及。此外，我也提及了這些觀念是如何深入民心、影響這一過程有多麼困難，以及這些觀念得到實現會具有多麼強大的力量。最後總結出，歷史大動盪往往就是由於這些基本觀念發生變化造成的結果。

　　我們已經詳盡地論述了這些問題，因此我不想再多做贅述。下面我只想簡單談談群體是如何接受這些觀念以及這些觀念的表現形式。

　　這些觀念分為兩類。一類是由於一時的影響而偶然引起的

短暫觀念，例如讓某個人或某種學說著迷的觀念。另一類是基本觀念，環境因素、遺傳規律以及公眾輿論使這類觀念極具穩定性，像過去的宗教信仰以及今天的社會、民主思想一樣。

這些基本觀念如同河流中汩汩的水流，緩緩地追尋自己的方向。短暫的觀念像是變化莫測的浪花，不斷地在水面上方攪動，雖然與前行的水流相比顯得更為引人注目，但是卻無任何真實的作用。

如今，曾被我們祖輩視為精神支柱的偉大基本觀念，已經變得搖搖欲墜。它們的穩定性已經完全地被破壞，同時，建立於其上的制度也受到嚴重影響，變得搖搖欲墜。雖然每天都有大量轉瞬即逝的次要觀念形成，但是它們根本不具備持久的力量，因而不能夠產生絕對優勢的影響力。

無論給群體提供何種觀念，只有當這些觀念十分絕對、堅定而且簡單時，才能產生效力。因為，只有將這些觀念披上形象化的外衣，才能被群體接受。在這些形象化的觀念之間沒有任何邏輯上的相似性與連續性，它們可以相互取代，就像放映者從幻燈機中取出的一張張疊在一起的幻燈片。這解釋了為何最矛盾的觀念可以同時並存於群體之中。隨著時機的變化，群體可以在其理解範圍內的不同觀念作用下，做出大相逕庭的事情。由於群體缺乏批判力，故無法察覺其中的矛盾。

這種現象不是群體獨有的。許多獨立個體，包括原始人類以及在某些智力方面與原始人十分相似的所有個體，如宗教信

仰的狂熱信徒，在他們身上都可以發現這種現象。我曾經發現受過歐洲大學教育並取得學位的那些有教養的印度人就令人費解地表現出了這種現象。

　　許多西方觀念的形成都是建立在穩定而基本的傳統觀念或社會觀念之上。隨著環境的變化，同一個人會表現出種種不同的觀念及相應的言行舉止，這會使這個人顯得極為矛盾。這些矛盾其實是表面現象，因為只有世代相傳的觀念才能夠影響獨立個體的行為動機。只有當種族雜居，一個人處在不同的遺傳傾向時，他的行為才會左右搖擺，真正變得矛盾。這些現象雖然在心理學上十分重要，但是於我們無多大意義，因此不再多做說明。在我看來，要想完全理解他們，至少需要花上十年時間周遊各地，對他們進行觀察。

　　只有簡單明瞭的觀念才能為群體接受，因此觀念經過徹頭徹尾地改造後變得通俗易懂，受到大眾的歡迎。特別當我們遇到有些高深的哲學或科學觀念時，為了迎合群體低下的智力水準，我們需要對這些觀念進行深刻的改造。這些觀念如何改造取決於群體或其所屬種族的特點，不過改造的一般趨向是相同的，即將這些觀念變得通俗易懂。這也充分說明了一個事實，即從社會角度看來，現實生活中的觀念很少出現等級制度，換句話說，觀念很少有高下之分。然而，無論一個觀念最初有多麼偉大或正確，為了能夠被群體理解並對其產生影響，其中那些崇高而偉大的成分便會被剝奪殆盡。

不過，從社會角度來看一個觀念的等級價值，其內在價值並不重要，我們考慮的是其產生的效果。無論是中世紀的基督教觀念、上個世紀的民主觀念，還是現今有關社會的各種理念，都不能說有多麼崇高。從哲學角度考慮，這些觀念只能算是一些令人遺憾的錯誤，但不可否認的是，它們具有十分強大的力量，在未來的長時間裡，它們將是決定各國行動的最重要的因素。

　　但是，即使當某種觀念經過改造被群體接受了，也要等到它進入無意識範圍內，成為一種態度時才能產生影響。這需要很長時間，其中涉及的各個過程將在後文進行研究。

　　要知道，一種觀念不會僅因為具有公正性，便對有教養的人產生影響。想要立刻理解這一點，只需看看即使是最確鑿的證據，對大多數人的作用仍是那麼微乎其微就知道了。十分明顯的證據也許會被有教養的人接受，但是卻很快會被無意識的自我重新帶回到他原先的觀念上。幾天後，我們又會看到形同的情景：他們說著完全相同的話，重新提出原有的觀點。事實上他們仍受以往觀念的影響，因為這些觀念已經成為一種態度。只有這些觀念是影響我們言行舉止最隱蔽的動機。群體的情況同樣如此。

　　當觀念逐漸滲入群體心裡時，它便具備了支配群體的無窮力量，並會產生一連串的影響，這時，抵抗之就是徒勞的了。引發法國大革命的哲學思想用了近一個世紀的時間才深入到群

體心中。這些思想一旦紮根下來,其不可抗拒的力量就得到了世人的見證。當整個民族為了追求社會平等,實現理論上的權力和理想中的自由奮鬥時,所有的寶座都危如累卵,西方世界陷入了深深的動盪之中。在短短的二十年裡,各國互相殘殺,歐洲出現了連成吉思汗(Ghengis Khan)和帖木兒(Tamer-lane)看了都會心驚膽戰的大屠殺。世界還從未出現過因一種思想的傳播而引起的如此大規模的屠殺活動。

把某種觀念植入群體心裡需要很長時間,根除之同樣如此。因此,就觀念而言,群體總是落後學者和哲學家好幾個世代。今天所有的政治家都十分清楚,前面提到的基本觀念中摻雜著錯誤,但是,由於它們仍具有強大的影響力,政治家不得不依照這些自己不再相信的理念進行統治。

群體的推理能力
(沒有辨別是非能力的弱智)

我們不能斷言:群體根本不會推理或不受推理的影響。

但是從邏輯上看,他們推理採用的論證以及能夠影響他們的論證都十分拙劣,因此,他們所謂的推理只能算是一種簡單的類推。

正如高級推理一樣,群體的低級推理同樣以各種觀念的聯想為基礎;不同的是,群體所採用聯想的各種觀念之間,只存

在表面的相似性或連續性。群體的推理模式類似於愛斯基摩人的處事方式，他們憑經驗認知事物，比如知道冰是一種透明物體，而且放在嘴裡可以融化後，便認為同樣是透明物體的玻璃放在嘴裡也可以融化；群體又像野蠻人一樣，以為吃下勇猛對手的心臟便得到了他的勇氣；群體或者又像工人一樣，因為受到雇主的剝削，於是立刻認為所有的雇主都在剝削工人。

群體推理的特點是把彼此不同但在表面上有聯繫的事情混在一起，然後將具體事物普遍化。知道如何操縱群體的人提供的正是這種論證模式。這也是唯一可以影響他們的方式。群體根本無法理解一連串的邏輯論證。因此從這個角度看，我們可以說群體不擅長推理或只會錯誤推理，而且也不受推理過程的影響。

在閱讀某些演說詞時，往往會發現很多讓人吃驚的破綻，但是，即便如此，其對聽眾依舊有很大的影響力。因為這些演說詞是用來說服群體，而不是讓哲學家閱讀。那些跟群體有密切交流的演說者可以找到各種有誘惑力的想像來吸引眾人。如果他做到了這點，其目的也就達到了。經過深思熟慮的二十篇高談闊論的長篇演講，往往抵不上能夠說服大腦的幾句有號召力的話。

對於群體因缺乏推理能力而無法表現出的任何批判精神，即群體無法辨別是非或無法對任何事情做出準確判斷的特點，我想無需再多言。群體接受的判斷僅僅是強加給他們的，絕不

是討論後採納的結果。這一點，許多個體與群體一樣。某些觀點輕而易舉地得到普遍認同，更多的是因為大多數人感到他們不能根據自己的推理得出結論。

群體想像力
（天才的想像力成為了他們受制於人的弱點）

正如缺乏推理能力的人，群體形象化的想像力不僅十分強大、活躍而且易受影響。某個人、某件事或某個意外在他們腦海中引發的種種形象，全都栩栩如生。從某種意義上說，群體有如一位暫時失去推理能力的睡眠者，腦中會出現一幅幅十分鮮明的形象，一旦他開始思考，這些形象便立即煙消雲散。既然群體不能思考與推理，自然在他們的腦海裡也就不會有「不可能」這個概念。一般他們認為最不可能的事情往往是那些最不可思議的事情。這就是為什麼事件中奇妙而傳奇的一面往往更容易打動群體的原因。實際上，當我們在分析文明形成的過程時會發現，正是那些不可思議、傳奇般的事件構築了整個文明史。歷史中，凡是表象、虛幻的一面，總是比真實的一面起著更重要的作用。

只會以形象思考的群體就只受各種形象影響，唯有形象會使他們感到害怕或吸引，從而成為他們行為的動機。

因此，凡是最能塑造鮮明生動人物形象的戲劇演出，總會

對群體產生巨大的影響力。對於古羅馬民眾而言，他們理想的幸福就是有麵包吃並能欣賞場面宏大的演出，別無它求。在之後的歲月裡，這樣的理想幾乎沒變。對群體各種想像力起作用的因素幾乎沒有什麼能與戲劇表演相媲美。所有觀眾共同體會相同的情感，如果這些情感沒有立即變成行動，那是因為最無意識的觀眾也能意識到自己只是幻覺的犧牲品，他們的喜怒哀樂都是那個虛幻離奇的故事引起的。然而有時候，形象暗示引起的強烈情感很容易化為行動，就像暗示通常起的作用一樣。

這類事情我們常有耳聞：大眾劇院因為上演了一場嚴肅劇碼，便不得不在扮演反面人物的演員離開時，為他提供保護，使其免遭觀眾的暴力襲擊。因為，此時的觀眾對叛徒的罪惡行徑已經義憤填膺，儘管這些罪惡都是想像出來的。在我看來，我們已經看到了群體心理狀態，尤其是暗示群體技巧最顯著的表現。這些虛幻的想像對他們的影響幾乎與現實一樣強烈，顯然他們無意於對兩者加以區分。

征服者與國家的權威是以群體想像力為基礎而樹立的。因此領導群體時，尤其要在他們的想像力上下功夫。所有重大的歷史事件，如佛教、基督教和伊斯蘭教的興起、宗教改革、法國大革命以及現今社會主義的威脅性進攻，都是由於它們對群體想像力產生了深刻影響而帶來的直接或間接的結果。

此外，每個時代和每個國家的所有偉大政治家，包括最專制的君主，都一致將群體想像力視為他們權力的基礎，他們從

未試圖透過反對這種想像力來實行統治，拿破崙就曾對國會說：「透過變成天主教徒，我終結了旺代戰爭；透過變成穆斯林，我在埃及站穩了腳跟；透過變成教皇絕對權力主義者，我贏得了義大利神父的支持；如果我去統治一個猶太人國家，我將會重建所羅門神教。」

繼亞歷山大（Alexander）和凱撒以來，大概沒有一個偉人比拿破崙更懂得如何影響群體的想像力。他始終全神貫注的事情就是如何激發群體的想像力。勝利時、高聲訓斥時、激情演說時，一切行動中他都牢記這一點。直到奄奄一息之際，他依然對此念念不忘。

如何影響群體想像力？答案即將揭曉。這裡我們只需指出，要想掌握這種本領，藉由智力或理性思考是行不通的，即不能透過推理論證。安東尼（Antony）讓民眾起來反抗刺殺凱撒的人，不是透過機智的說理，而是將手指向凱撒的屍體以讓民眾解讀他的意旨。

不管激起群體想像力的到底是什麼，其採取的形式總是呈現出驚人的鮮明外表，沒有瑣碎的說明，而是伴隨著一些奇妙而神秘的事件：如一場重大的勝利、一個偉大的奇蹟、一項十惡不赦的罪行或是一個美好的前景。這些事件必須完整呈現在群體面前，但其起因卻要秘而不宣。上百次微不足道的犯罪案件或事故，絲毫不會激發群體的想像力，而一次重大犯罪或大事件卻足以給他們留下深刻印象，即使它造成的危害比上百次

小案件造成的危害小得多。

幾年前，流行性感冒僅在巴黎一處就造成五千人死亡，但是流感的肆虐對民眾的想像力卻沒有產生任何影響。原因在於，這種真實的「大屠殺」不是以某種生動的形象表現出來，而是透過每週發布的統計數字告知民眾的。相反地，如果一次事故造成五百人而非五千人死亡，卻是在一天之內發生在公眾面前，便會輕易吸引眾多注意力，例如艾菲爾鐵塔的突然倒塌肯定會對群體的想像力造成巨大的影響。

在缺乏相關資訊的情況下，人們猜測一艘橫跨大西洋的汽輪可能已經沉沒，這件事對群體想像力的影響持續了整整一週。然而官方統計資料表明，僅一八九四年就有八百五十條帆船和兩百零三艘汽輪下落不明。可是群體絕不會持續關心不斷的失蹤事件。更重要的是，就造成的生命和財產損失而論，顯然刺激群體想像力的不是事件本身，而是它們發生並引起關注的方式。我的看法是，首先必須對各種事件提煉昇華，使它們呈現出令人震驚的面貌，從而占據群體思想，揮之不去。了解和掌握影響群體想像力的方法，也就掌握了控制他們的方法。

第4章

群體信仰的宗教形式
（宗教形式的忠實追隨者）

偏執與狂熱是群體信仰的孿生兄弟

我們已經指出群體不善推理，對於觀念要不是全盤接受，就是一概否定，他們拒絕一切討論，對群體產生影響的暗示會徹底瓦解他們的理解力，從而使之立即投入行動。我們還指出群體若受到適當影響，他們可以隨時準備為理想奮不顧身。此外，群體只有強烈而極端的情感。對他們而言，同情心可以很快變為崇拜，而一旦心生反感便會立刻化為仇恨。這些普遍特徵為我們了解群體信仰的性質提供了啟示。

當我們進一步考察這些信仰時，就會發現，不論是在有著狂熱宗教信仰的時代，還是在發生重大政治變動的時代，這些信仰總會呈現一種獨特的表現形式。我將這些信仰稱為宗教情感，沒有更好的稱謂了。

這種情感十分簡單，像是對某位假想領袖的崇拜之情或是對萬物力量的敬畏之心，盲目聽從這種情感的指揮，無力探討它的信條是否合理，希望將這些信條傳播四海，並將所有不相信它們的人視為敵人。不論這些情感涉及的是無形的上帝、一具木雕或石刻的偶像，還是某個英雄或政治觀念，只要它呈現出上述特點，那麼這種情感往往具備了宗教的本質。在相同程度上，它還具備了某種超自然、神奇的力量，因此群體往往在無意識間將這種神秘力量等同於激起他們一時熱情的政治信條或得勝領袖。

當一個人只是崇拜某個神時，不能說他是篤信宗教的。真正具有虔誠信仰的人，會甘願為了某項事業或某個人傾其所有精神財富與滿腔熱情，自願服從它的任何召喚並將之視為個人思想和行動的目標和指南。

褊狹與狂熱總是和宗教情感形影相隨。當人們自以為掌握了現世或永世幸福的秘訣時，不可避免地會表現出某種褊狹和狂熱。當聚集在一起的人們受到某種信仰的激勵時，他們也會表現出這兩個特點。恐怖統治時期，雅各賓黨人的內心虔誠得有如宗教法庭時期的天主教徒，他們殘暴的熱情同樣源自於此。

群體信仰具有宗教情感固有的特點：盲目信從、極端偏執以及對狂熱宣傳的需求。因此我們可以說，群體所有信仰都具有宗教形式。被某個群體擁戴的英雄是這個群體真正的神，拿

破崙就作了十五年這樣的神。而且，他贏得了比任何神要來得多的狂熱崇拜信徒，更能輕易地取人性命。基督教和非基督教的神也從未對其掌控的思想實行過如此絕對的統治。

一切宗教或政治信條的創立者之所以能夠確立自己的地位，都是因為他們成功地激起了群體狂熱而盲目的情感，並使人們在崇拜和信服中找到了自己的幸福，並甘願為了他們心中的「神」放棄生命，任何時代都會發生這種事情。

菲斯泰爾‧德‧古朗士（Fustel de Coulanges）在論述羅馬高盧人的傑作中明確指出，維持羅馬帝國統治的絕不是武力，而是由統治者激發出的一種虔誠的敬仰之情。他寫道：「如果某種受到群體厭惡的統治形式能夠維持五個世紀之久，這在世界歷史上將是絕無僅有的……羅馬帝國三十個軍團可以使一億人臣服於他，這真是不可思議。」他們臣服帝王的原因在於，在他們眼裡的帝王是偉大羅馬的化身，就像神一樣，所以帝王受到了全體人民的一致崇拜。在他統治的範圍內，即使最小的城鎮都設有膜拜皇帝的祭壇。「那時，整個帝國內出現了一種新興的宗教，它的神就是帝王。在西元前很多年內，為了紀念奧古斯都（Augustus）皇帝，由六十座城市組成的整個高盧地區建起了和里昂城附近廟宇相似的神殿……那裡的祭司同樣是當地的名人，由各個城市共同選定……我們不能認為這一切僅僅是出自畏懼與奴性。崇拜帝王的不是朝臣，而是整個羅馬；除了羅馬，還有高盧地區、西班牙、希臘和亞洲。」

今天，控制群體思想的大多數偉人已不再擁有各自的祭壇，但他們擁有各自的雕像或是畫像，這些都被其追隨者珍藏，以他們為對象的狂熱崇拜行為與前輩相比毫不遜色。只有徹底了解群體心理後，我們才能揭開歷史的真相。群體不管需要什麼，首先需要的是神。

盲目是群體的稟性

　　不要以為，盲目崇拜已被理性打破，不復存在。在與理性無止盡的較勁中，情感從未被打敗。如今群體不再聽到曾長期禁錮他們思想的諸如神靈、宗教之類的表述，但是在過去的一百年裡，群體從未擁有過如此多的崇拜物件，古代神靈也無緣擁有這樣多的雕像與祭壇。近年來研究過大眾運動的人知道，在布朗熱主義（Boulangism，編按：八〇年代在法國以布朗熱將軍為首掀起的民族沙文主義運動）的號召下，群體的宗教本能是多麼輕易地被喚醒。即使是在鄉村小旅館裡都可以找到這位英雄的肖像。他被賦予了匡扶正義、剷除邪惡的權力，成千上萬的人願意為他獻出生命。如果他的品質與傳奇般的名聲完全吻合，他將會成為歷史上偉大的人物。

　　由此可見，斷言群體需要宗教顯得十分多餘，因為一切政治、神學和社會信條，必須偽裝在沒有爭論的宗教外衣下才能紮根於群體之中。如果某個無神論的信仰可以使群體接受，這

個信仰肯定也會表現出宗教情感中所有褊狹的熱情，並很快成為一種狂熱崇拜。實證主義學派的發展史為我們提供了一個有趣的例證。深刻的思想家杜斯妥也夫斯基（Dostoiewsky）一直被稱為虛無主義者的代表，但是有一天曾經發生在他身上的事情，很快發生在了實證主義者身上。某日受到理性之光的啟發後，他撕毀了小教堂祭壇上所有神靈和聖徒的畫像，熄滅蠟燭，接著用畢希納（Buchner）和摩萊蕭特（Moleschott）等無神論哲學家的著作取代了那些被破壞的物品，然後他再次虔誠地點燃蠟燭。他的宗教信仰物件變了，但是我們能說他的宗教情感也變了嗎？

　　我再說一遍，只有深刻了解群體信仰長期採取的宗教形式後，我們才能理解某些重大歷史事件。對於某些社會現象，我們應該更從心理學角度進行研究，而不是自然主義角度。偉大的史學家泰納只從自然主義角度研究法國大革命，因此他往往看不到事件的真正起因。他對事件的論述很詳盡，但是從研究群體心理學的要求看來，由於缺乏對群體心理的研究，他的敘述常常缺少事件的起因。事件中血腥、混亂和殘暴的一面讓他感到驚駭，但是在那場重大的戲劇性事件中他沒有看到，那群英雄更是一群癲狂的野蠻人，他們肆意縱橫、為所欲為。

　　我們應該認識到法國大革命不過是一種新的宗教信仰在群體中的建立，這樣在理解法國革命的暴力、屠殺、宣傳需求和向一切事物發出戰爭宣言的種種現象時，我們才能做出合理的

解釋。宗教改革，聖巴薩羅繆大屠殺、法國宗教戰爭、宗教法庭、白色恐怖同樣如此，都是受到宗教情感激發的群體所為。這些宗教情感必然會使群體採用殘暴的方法清除任何反對建立新信仰的人。宗教法庭採用的辦法是一切懷有真誠而堅定信仰的人所使用的辦法。如果他們用了其他辦法，就不值得有這樣的評價了。

前面提到的大變動之所以能夠發生，仰賴於群體精神，如果群體不願意讓它們發生，即使最專制的暴君也無法做到。當史學家斷定聖巴薩羅繆大屠殺是由國王引起的時候，表明他們與統治者一樣對群體心理一無所知。只有群體精神才能使號令發生作用。擁有絕對權力的超級專制君主只能加速或減緩其發生作用的時間。正如聖巴薩羅繆大屠殺或宗教戰爭不是由國王引發的一樣，恐怖統治也不是由羅伯斯比爾（Robespierre）、丹東（Danton）或聖約斯特（Saint Just）製造的。在這類事件背後，我們發現總是群體的精神在運作，而非統治者的權力在操控。

第5章
影響群體意見與
信念的間接因素

在研究了群體心理構成後，我們了解了他們的情感、思維以及推理模式，以下我們將研究群體意見和信仰是如何形成並確立的。

影響群體意見和信念形成的因素有兩種：間接因素和直接因素。

間接因素是指，使群體接受某種信念後，就對其他信念具有絕對排斥性。這類因素的存在，使某些具有影響力和驚人結果的新想法更容易產生，雖然這些想法看上去是自發產生的。群體中某些想法的迸發與實施有時突然得令人瞠目，但這只是表明現象，背後必定有種持久的準備性因素在發揮作用。

在這種準備性因素長期、持久的作用下，間接因素就會發展成為勸說群體的積極作用，即間接因素變成了直接因素。如果缺少之前的準備工作，直接因素便不會發揮作用。因此，直

接因素是指能夠促使某種想法形成、實施並產生作用的因素。直接因素會使群體決議突然被執行，騷亂的爆發、罷工決議的制定，甚至絕大多數人授予某人權力以推翻政府的行為，皆歸因於此。

在所有重大歷史事件中都可以發現這兩種因素的連續作用。僅以最顯著的法國大革命為例，其間接因素包括：哲學家的著作、貴族的強徵暴斂以及科學思想的進步。有了這些條件的準備，群體思想很容易被直接因素激發，它可以是演說者的激情演講或是對宮廷黨派無關緊要改革的抵抗。

間接因素具有普遍性，是構成群體一切信念與意見的基礎，包括種族、傳統、時間、制度和教育。

現在我們看看這些因素到底都產生了哪些影響。

種族（使群體走出野蠻狀態的有利支撐）

種族因素必須位於首位，因為它的重要性遠遠超過其他因素。我在另一本書中已有充分論述，這裡不再多述。書中我們說明了歷史上的種族是什麼樣子；他們的族群特點一旦形成後，是如何透過遺傳規律而具備創造信仰、制度和藝術天賦的能力；總之文明的所有構成要素僅僅是種族特徵的外在表現。此外，當種族天賦從一個民族傳向另一個民族時，所有要素必將經歷最深刻的變化。

環境變化和不同事件的發生可以看作是一時的社會性暗示因素。它們可能具有相當大的影響力，但如果這種社會性暗示因素與種族性暗示因素，即民族世代相傳的因素相抵觸時，這種影響力往往只是暫時的。

我們將在本書後面幾章談到種族影響力的問題，並會指出這種影響力將強大到能夠決定各種族的典型特徵。由此可知，來自不同國家的不同群體，他們的信念和行為自然千差萬別，而且受到影響的方式也各不相同。

傳統（控制我們內心最深處自我的無形主人）

傳統是以往觀念、需求和情感的表現。它是種族綜合作用的產物，對我們產生的影響巨大。

自胚胎學證明了過去對於生物進化產生的巨大影響以來，生物學界發生了徹底的變化。如果這種觀念可以更為人所知，史學界也會出現不小的變化。然而現在這種觀念尚未普及，許多政治家與上個世紀的理論家一樣思想老化，他們仍舊認為社會可以與自己的歷史割裂，完全僅憑理性的光芒重鑄未來。

民族是由歷史創造的有機體。與其他有機體一樣，它只能藉由緩慢的遺傳積累而不斷進化。

人類一直受傳統支配，當他們形成群體時更是如此。表面看來，他們可以輕易地改變傳統，但實際上他們改變的只是傳

統的名稱或外在形式，正如我之前一再重複的那樣。

我們不必對此感到遺憾。因為民族特徵的形成或是文明的建立都離不開傳統。因此人類自誕生以來便背負著兩大使命，一是建立一套傳統體系，二是當這套傳統體系的有益成果消耗殆盡時，要竭力將其摧毀。就如同文明的建立離不開傳統一樣，文明的進步同樣也離不開對傳統的毀滅。想要平衡變與不變的關係，實在太難了。如果一個民族的傳統過於穩定，它將不會再有變化，就像中國無法取得進步一樣。這時，暴力革命也沒有用。因為革命之後，要不是打破的鎖鏈重新拼湊在一起，原先的帝國再一次重現，要不就是這些碎破的鏈鎖各自散落，混亂無序之後，衰敗隨之而來。

因此對一個民族而言，最理想的狀態就是維持原有制度，然後以微小而不易察覺的方式對其進行改進。這種理想狀態很難實現，只有古羅馬和近代英國成功地使用了這種方法。

的確，死守傳統、極端反對變革的正是群體。那些有地位的群體尤是。我堅持認為群體精神是保守的，即使最暴力的反叛最多也只能造成幾句口令或條款的變動。上世紀末，面對一座座被毀的教堂，一個個被驅逐或走上斷頭臺的神父，我們會以為傳統的宗教觀念大勢已去。然而沒過幾年，為了順應大眾需求，廢止的公開禮拜制度又重新建立了起來。

昔日遭到毀滅的舊傳統，又開始大行其道了。

這個事例極佳地證明了傳統對群體心理所產生的巨大影響

作用。寺廟的神像、宮殿中最專制的暴君不是最可怕的，因為他們在頃刻間就能被打倒。但是那些控制我們內心最深處自我的無形主人，卻不會引起任何反抗，只會在數百年的歲月裡慢慢衰退。

時間（真正的創造者和偉大的毀滅者）

時間是影響社會學最有力的因素之一，就如同對生物學產生的影響一樣。它是唯一真正的創造者和偉大的毀滅者。時間，使沙土堆積成山；時間，使地質時代低等無名的細胞演變成高等且有尊嚴的人類。數百年的作用足以改變任何固有現象。人們已經正確地認知到，如果時間充足，一隻螞蟻也可以將勃朗峰夷為平地。如果一個人掌握了隨意改變時間的魔力，他便具有了信徒賦予上帝的權利。

這裡我們只討論時間對群體意見形成的影響力。從這個角度看，時間的力量是巨大的，像種族這樣重要的因素都取決於它，因為沒有時間種族便無法形成。一切信仰的產生、發展和滅亡同樣取決於時間，是時間使它們獲得力量，繼而失去力量。

正是時間，為群體意見和信仰的產生提供了各種準備，至少為它們的生長提供了土壤。這就說明為何某些思想在一個時代可以實現，而在另一個時代卻行不通。時間，使各種零散的

信念和想法不斷聚集，並從中產生某個時代的思想。這些思想的產生不是一時偶然，它們全都根植於漫長的過去。當它們開花結果時，是時間為它們作了準備。想要了解它們的起源就要追溯過去。它們是過去的後代，未來的母親，也是時間永遠的奴隸。

因此，時間是我們真正的主人，在不受干擾的情況下，它足以改變一切。如今面對群體各種危險的欲望以及由此帶來的破壞和動盪，我們感到深深的不安。可是時間可以獨自讓這一切事物恢復平衡。拉維斯（Lavisse）十分中肯地寫道：「沒有哪種政治體制能在一天之內建立。任何政治和社會組織都是數百年時間鍛造的產物。封建制度在其法令典章建立以前，經歷了數世紀的無序與動盪；君主專制政體同樣是在經歷了數百年後，才形成了自己的管理體系。這些等待的時期是極不平靜的。」

政治和社會制度（虛假、短暫的外衣）

制度的建立可以糾正社會弊端，制度與政府的完善可以使國家進步，社會變革可以透過各種法令的頒布來實現；在我看來，上述觀點仍然受到普遍認同。它們是法國大革命的起點，也是當今各種社會學說的基礎。

一連串的事實經歷一直無法撼動這個巨大的謬誤。哲學家

和史學家試圖證明它的荒謬性，但總是徒勞無功。然而，他們輕而易舉地證明了各種制度是觀念、情感和習俗的產物，而觀念、情感和習俗不會隨法律制度的重新制定而發生改變。一個民族不可能隨心所欲地選擇自己的制度，就像他無法選擇自己頭髮和眼睛的顏色一樣。

制度和政治體制都是種族的產物，它們不是時代的創造者，而是時代創造的產物。各民族受到統治不是根據他們一時的隨意狂想，而是由他們的特徵決定的。一種政治制度的建立需要數世紀的時間，然而改變它同樣如此。制度沒有什麼固有性質，無所謂好壞。特定時期內對某一民族有益的制度，對另一個民族可能極為有害。

進一步說，一個民族無法真正改變自己的制度。雖然革命可以改變制度的名稱，卻沒有辦法改變其本質。這些名稱只是些無用的符號，當史學家探究到事物內部時，他們幾乎從不在意這些符號。例如，英國這個世界上最民主的國家採用的仍是君主立憲制，而位在美洲的幾個原屬西班牙的共和國儘管實行的是共和制憲法，但國內極端暴虐的專制統治仍然十分猖獗。決定他們命運的是民族特徵，而不是他們實行的政治體制。我曾在前一本書中透過列舉事例證明了這個觀點。

因此，浪費時間制定各種俗套的憲法是一件愚蠢的事情，它只是無知的修辭學家毫無價值的勞動。制定憲法需要依靠必要性和時間完成，最明智的辦法是讓這兩個因素發揮作用。這

個辦法被盎格魯撒克遜人採用了，正如研究他們的偉大史學家麥考利（Macaulay）所指出的那樣，拉丁民族的各國政客們應該牢記這種辦法。他指出，從純理性角度看來，法律可以取得的所有好處顯得十分荒謬而矛盾。他將拉丁民族大量炮製的憲法資料與英國憲法進行比較後指出，英國憲法是在必要性支配下緩慢地發生變化，絕非思辨式推理的結果。

「不考慮是否嚴謹對稱，而更考慮是否方便易行；決不僅僅因為異於尋常而改變；決不改革創新，除非感到不滿或者要消除不滿；決不制定寬泛的法規，除非出現特別案例。從約翰王時代到維多利亞女王時代，這些原則一直指導著我們兩百五十屆的議會，使它們從容應對所有的事情。」

各個種族的法律與制度在某種程度上反映了該種族的需求，因此我們無需進行猛烈變革；為了說明這一點，我們必須一一加以考察。例如，對於中央集權制的優缺點，我們可以專注地從哲學方面進行研究。但是當我們看到，一個由不同種族構成的民族用一千年的時間維護中央集權制度；當我們看到，一場旨在摧毀過去一切制度的大革命不得不對這種制度有所顧忌，甚至使其進一步強化時，我們就應該承認它是某些獨斷需求的產物，承認它是這個民族的生存條件；對於那些探討如何毀滅它的政客，我們為他們可憐的智商感到遺憾。如果他們不小心成功了，這預示著可怕的內戰即將爆發，戰爭之後，又會立刻會出現一種比舊制度更具壓迫性的中央集權制度。

由此我們得出這樣的結論：制度不是深刻影響群體特徵的因素。我們看到某些國家，如美國，在民主制度下取得了高度繁榮，然而原屬西班牙的那些位在美洲的共和國，雖然有極其相似的制度，卻仍然生活在卑劣、混亂的狀態中。因此我們應該承認制度與一個國家的興衰無關。

　　任何民族都受其固有的特徵支配，所有與特徵不符的制度都只能是一件虛假、短暫的外衣。確實，為了強行建立某種制度，血腥戰爭和暴力革命一直都在發生，並且仍將繼續。人們就像對待聖人的遺骸一樣，賦予制度創造幸福的超自然力量。因此從某種意義上可以說，制度引起的大動盪是由於其對群體心理產生的反作用。但是，制度並非以這種方式產生影響。因為不論成功失敗，它們不具備這樣的能力。影響群體心理的是各種幻想和話語，特別是話語，其影響力有如其虛幻性一樣強大，針對其令人吃驚的影響力，我們很快會在後面進行說明。

教育（使民族走向衰落的劊子手）

　　在當前的主流觀念中，最為大眾認同的觀念是：教育在很大程度上可以改變人，使他們不斷完善，甚至使他們最終建立起人與人之間的平等關係。這個觀念一再地被重複，最終成為了最堅定的民主信條之一。今天要想抨擊這個觀念，就像過去抨擊宗教教義一樣地困難。

然而在這個問題上，如同許多其他問題一樣，民主觀念與心理學得出的結論和經驗的結論之間存在著嚴重的分歧，包括赫伯特‧斯賓塞在內的許多傑出哲學家已經輕易地證明了教育既不能使人更道德，也不能使人更幸福；既不能改變人的天性，也不能改變人天生的熱情。而且，如果受到不良引導，教育的作用就會弊大於利。

　　統計學家為這一觀點提供了證據，他們告訴我們，由於教育的普及（或者至少是某種形式的教育普及），導致了犯罪率的增加；往往那些與社會為敵或目無法紀的人，都曾是學校獎狀的獲得者。著名的地方官阿道夫‧吉約（Adolphe Guillot）在最近一本著作中指出，目前受過教育的罪犯與文盲罪犯之間的比率是3：1。此外，在過去的半個世紀裡，人口的犯罪率也在迅速地猛增，過去每十萬居民中有兩百二十七人犯罪如今卻上升到五百五十二人，增長了133%。尤其引起他注意的是，未成年人犯罪率的增長率上升得最快。眾所周知，為了青少年的成長，法國已經用免費義務教育取代了學費制教育。

　　我們不能斷定，正確引導的教育無法帶來十分有益的實質成果，而且也沒有人這樣堅持過。即使教育不能提高道德水準，至少會使專業能力得到提升。遺憾的是，尤其是在過去的二十五年裡，拉丁民族將他們的教育制度建立在錯誤的原則上，儘管布呂爾（Breal）、古朗士、泰納等諸多傑出的思想家都曾提出意見，可是他們依舊我行我素，造成了令人惋惜的結

果。我曾在以前出版的一本書中指出，法國的教育制度把多數受教育者變成了社會的對立者，使他們成為了強勁的社會主義陣營的信徒。

這種教育制度可能十分適合拉丁民族的特徵，它的主要危險源於錯誤的心理學基本觀點，這種觀點認為智力是通過熟記教科書提高的。由於接受了這種觀點，人們便盡可能地強化許多手冊裡的內容。從上小學到離開大學，一個年輕人在缺乏個人主動性的情況下只知道背書，他們的判斷力和主見就這樣被消磨殆盡。對他們而言，教育就是背書和聽話。

前公共教育部長朱爾斯·西蒙（Jules Simon）寫道：「熟記一種語法或一篇綱要，流利地複述並出色地模仿，這就是上課，一種荒唐可笑的教育方式。它的每個步驟都是一項默認的信仰行為，即對老師絕對的信任。這種教育造成的唯一後果就是讓學生自我輕視、失去主見。」

如果教育真的一無是處，我們還可以對不幸的孩子們表示同情，他們雖然在學校裡學到的不是任何有用的知識，但是畢竟學會了一些有關科勞泰爾（Clotaire）後裔的族譜、紐斯特利亞（Neustria）和奧斯特拉西亞（Austrasia）之間的衝突或有關動物分類的知識。然而這種教育制度所造成的危害比這要大得多。它使接受教育的人強烈厭惡自己的生活狀態，並極度希望擺脫這種狀態，工人不再想當工人、農民不再想當農民、地位最卑微的中產階級希望自己的後代和他們一樣繼續端著國

家公務員這個鐵飯碗。法國教育不是為了使學生的生活更好，而只是為他們從事公職做好準備。在這種職業上取得成功，無需任何自我定位或表現出個人的主動性。

這種教育制度在社會底層創造了一支無產階級大軍，他們對各自的命運感到不滿並隨時準備起來反抗；在社會頂層，它培養出一群輕浮愚蠢的中產階級，他們多疑而輕信；他們既將國家視為王道並抱有極端信任，又總是不忘對它表示敵意。他們常常把自己的過錯推給政府，可是離開政府力量的干預又總是會一事無成。

國家利用課本製造出一批有文憑的人，然而它能用到的人只是其中的極少數，於是不得不讓大多數人失業。由於國家只能把工作分給先來的人，於是剩下沒有得到工作的人便站到了國家的對立面。在社會的金字塔裡，從最卑微的職員到教授、高級行政長官，吹噓炫耀文憑的龐大群體，正紛紛湧向政府的各個職位。商人要找一個幫他處理殖民地生意的人比登天還難，可是成千上萬閒置在家的人卻拚命地在謀求最低級的政府職員位置。僅塞納一省，就有兩萬名男女教師失業，他們不屑做農民或工人，只想在政府裡謀求一官半職。被選中的人畢竟是有限的，於是必然會讓多數人不滿。他們為了自身利益隨時準備參加改革，無論由誰領導，無論目標是什麼。因此，掌握無用的知識成為他們反抗政府的直接因素。

顯然，亡羊補牢為時晚矣。只有經驗這位人類最重要的老

師，會煞費苦心地為我們指出錯誤。並給我們指出了正確的教育之路：用實業教育代替可惡的課本和可悲的考試，因為只有這樣才能引導年輕人重返田間勞作、重回工廠上班，重新開始他們今天不惜任何代價避免的殖民地事業。

　　如今所有開明人士強調的職業教育，正是我們祖先曾受的教育。今天，在憑藉強大的意志力、主動的創新力和積極的進取精神控制世界的國家中，這種教育仍然十分盛行。偉大的思想家泰恩在一系列著名的文章中明確指出，過去的教育制度與現在英、美兩國的教育制度十分相似；同時，他在比較拉丁民族和盎格魯撒克遜民族的教育制度時，清楚地指出了這兩種制度帶來的影響。稍後我將引用其中某些重要的段落。

　　必要時，人們仍會繼續接受傳統教育的所有弊端，儘管這種教育只會使人產生不滿並且無法適應自己的生活狀態，因為大量獲取表面知識、準確無誤地複述課本確實可以提高智力水準。然而它真的能提高人的能力嗎？當然不能！生活中取得成功的條件是判斷力、經驗、主動性和性格，這些是不能從課本中獲得的。書籍就像字典，可以用來查閱，但是把它們大量存儲於腦中卻毫無用處。

　　職業教育如何透過傳統教育無法企及的方式使智力得到提高呢？泰恩對此做了精彩的說明：

　　觀念只有在自然、正常的環境中才能產生。所以培養觀念需要受到無數感官印象的刺激，這些感官印象來自工廠、礦

山、法庭、書房、建築工地和醫院，而且需要人們親眼目睹各種勞動工具、生產資料和操作過程，與顧客、工人和勞動者在一起，無論他們做的是好是壞、是賺是賠。這樣我們才會對來自視覺、聽覺、觸覺甚至味覺的各種細節產生細微的感知能力。

學習者在不知不覺中獲得這些認識後，會慢慢地分析，形成條理，並遲早會受到某些暗示，使其對這些認知進行新的組合、簡化、整合、改良或是發明。法國年輕人正是在最佳的學習期被剝奪了一切與外界接觸的寶貴機會以及學習必不可少的要素。因為他們有七八年的時間被關在學校裡，切斷了一切親身體驗的途徑和機會，而這些體驗能讓他們敏銳而準確地了解各種人和事，以及與他們打交道的不同方式。……至少有90%的人將數年的時間和努力付諸東流，這正是人生中非常重要，甚至十分關鍵的黃金年華。

其中有一半或三分之二的人在考試中慘遭淘汰，另一半或接近三分之二的優勝者，他們透過超負荷學習獲得了學位或各種證書。對這些優勝者的要求極為嚴苛，在規定的日子裡，他們坐在一把椅子上，面對一組評委老師，在兩小時內正確回答出評委提出的所有關於理科知識的提問，譬如人類發展史上所有知識的綱要。雖然，在那一天的那兩個小時裡他們這樣做到了或是幾乎做到了，但一個月以後他們卻不再具備這種能力。

他們無法再次通過考試。他們腦中不斷丟失大量過於沉重

的知識，但是沒有新的知識來填充。他們的思想活力開始衰退，促進成長的豐富才能逐漸乾涸，這時一個充分發展的人出現了，然而此時的他已經疲憊不堪。結婚過上安定的生活，陷入某種迴圈，並永無止境地重複下去；他將自己封閉在狹隘的工作中，盡職盡力，僅此而已。他們最終成為了平庸之輩，當然他們的付出沒有得到應有的回報。一七八九年以前，法國與英美一樣採用了相反的辦法，得到的結果一樣，甚至更好。」

此後一位著名的心理學家指出了我們與盎格魯撒克遜民族教育制度的差別。他們不像我們擁有無數專門的教育機構。他們的教育不是死讀書，而是以實物教學為主。例如，他們的工程師是在工廠訓練出來的，而不是學校。這種方法使每個人都可以達到其智力水準能夠達到的界限。如果他能力有限，他可以當個工人或工頭；如果他天資卓越，他可以成為工程師。相較於將個人前程寄託於十九或二十歲時那幾個小時的考試，這種方法更民主，對社會更有益。

在醫院、礦山、工廠、建築師或律師的辦公室裡，剛開始參加實習的年輕學生，一步步完成他們的學徒期，就像辦公室裡的律師助理或工作室裡的藝術家一樣。在參加實習之前，他們也會有機會參加一般性的速成課程，因為之前已經形成了一個框架，所以他們隨時可以快速地將觀察的結果存儲進去；同時，他可以練習空閒時學來的各種技能，以便協調他日常積累的經驗。

在這種教育制度下，實踐能力的提高與學生才能相平衡，並且與他將來的任務和今後希望從事的工作必備能力相符合。英美兩國正是憑藉這種教育制度，使年輕人能夠迅速地在崗位上盡情地發揮自己的才能。如果條件具備，在二十五歲甚至更早，他們不僅能成為一名有用的工作者，而且富有創業精神；他不僅是機器上不可或缺的零件，還是發動機。與這種制度相反的法國，一代又一代的人越來越向中國看齊──因此造成巨大的資源浪費。

有關拉丁民族教育制度越來越偏離實際生活需要的問題，有位偉大的哲學家做出如下論斷：

在教育的三個階段，兒童期、少年期和青年期，孩子們為了考試、學位、文憑和證書，在學校板凳上接受理論教育的時間顯得過分漫長而沉重。僅從這一點看來，他們採用了十分糟糕的辦法，即透過非自然、反社會的管理體制過分推遲了實踐時間，實行學校寄宿制度，人為的訓練和填鴨式教學，學習負擔沉重，不考慮今後時代的發展，不考慮他們成人的年齡和人們的職業狀況，忽視年輕人即將投入生活的現實世界，忽視我們生活於其中並且必須適應或提前學會適應的社會，忽視了人類需要經歷的種種掙扎，掙扎中他要學會保護自己，為了站穩腳跟，他需要提前全副武裝並意志堅強。這種必不可少的準備和經驗積累，這種強大的常識、勇氣和意志力，是我們學校無法給予法國年輕人的。

此外，學校非但不能培養年輕人具備達到自己明確的目標所應該具備的素質，反而讓他們失去了實現目標的能力。因此，當年輕人步入社會、踏上工作崗位後，他經常會受到一連串痛苦失敗的打擊，給他們造成久久不能痊癒的傷痛，甚至失去生活的能力。這種考驗既殘酷又危險。考驗過程中，精神和道德間的平衡遭到衝擊，這種平衡可能一去不返。理想突然之間被徹底擊破。這給他們造成的欺騙太大了，於是失望感也就愈加強烈。

　　我們現在是否偏離了群體心理的主題？顯然沒有。因為，要了解和預知群體中正在醞釀的各種想法和信念，就必須了解為這些信念提供溫床的因素。教育能夠使一個國家的年輕人知道這個國家的未來發展趨勢。當前的教育模式足以向人們預示著這個國家的前景將一片黯淡。群體思想是提高還是墮落，教育確實能夠起到部分作用。因此必須指出現行教育制度是如何塑造這種思想的，冷漠而中立的群體是如何變成一群心懷不滿、隨時準備聽從空想主義者和雄辯家召喚的大軍的。如今產生這些社會主義者和無政府主義者的地方，正是教室；為拉丁民族走向衰落鋪平道路的，也是教室。

第6章

影響群體意見的直接因素

　　我們在上一章中討論了造成群體心理的特殊感受力，並由此產生某些情感和觀念的間接性準備因素。現在我們將研究直接因素。這一章我們會看到如何充分發揮這些因素。

　　在本書的第一部分，我們研究了群體的態度、觀念以及推理方式，因此我們可以從影響群體心理的方法中得出一般性原理。我們知道了什麼可以激發群體的想像力，了解到暗示的力量和相互傳染的特徵，尤其是形象化暗示。然而，如同暗示的來源多種多樣，影響群體心理的因素也是千差萬別。因此我們必須分別研究。這項研究非常有必要。群體跟古代神話裡的斯芬克斯（Sphinx）很有多類似的地方，我們必須對影響他們的心理因素給出答案，否則就會被他們吞噬。

形象、話語和措辭（無堅不摧的利器）

我們在研究群體想像力的時候發現，他們更容易受形象影響。這些形象並不總是出現在人們的生活中，更多的時候需要透過機智的語言和措辭刺激來產生。經過技巧潤色，這些語言毫無疑問擁有了魔術師般的神奇力量。它們可以掀起群體內心最可怕的風暴，但是同樣也能平息風暴。因各種話語和措辭的力量而犧牲的人，他們的屍骨足以建起比古老的基奧普斯（Cheops）更高的金字塔。

言語的力量與它們喚起的形象密切相關，而與它們的真實意義無關。那些意義不明確的詞語往往影響最大。例如民主、社會主義、平等、自由，它們的含義十分模糊，以至於查閱大量的書籍也無法準確確定它們的內涵。然而可以肯定的是，這些簡短的詞語擁有無比神奇的魔力，似乎一切問題在它們面前都會不攻而破。這些詞語將各種各樣無意識中強烈的願望與實現它們的希望有機地融為一體。

推理與論證無法和某些話語和措辭相抗衡。面對群體，一旦話語和措辭以莊嚴肅穆的口氣說出來，所有人便會立刻肅然起敬，俯首傾聽。許多人將它們視為自然的或超自然的力量。它們會在人們心中喚起宏偉而模糊的形象，也正是因為這種形象模糊難辨，所以更加增添了它們神秘的力量。它們是祭壇後的神靈，虔誠的人只有心懷敬畏地靠近它。

話語喚起的形象與它的真實意義無關，它們因時因人而異，措辭同樣如此。一旦某種短暫的形象和某些詞語聯繫在一起，詞語就像電鈴開關一樣控制著它們的出現。

　　不是所有的話語和措辭都有喚起形象的力量，有些曾經具備這種力量，但是在使用過程中消失了，因此不再產生任何作用。它們成了空洞的詞語，主要作用就是讓使用者不用再思考。年輕時我們掌握的一些措辭和常用語，足以應付生活所需的一切，不必再傷神地思考任何事情。

　　只要研究某種語言就會發現，詞語的變化在時代進程中十分緩慢，而詞語引起的形象或它們的含義卻在不斷發生改變。因此我曾在另外一本書中做出這樣的結論：絕對不可能準確無誤地翻譯任何一種語言，尤其是現在已經消失了的語言。當我們將拉丁語、希臘語或梵語譯成法語時，或者當我們試圖理解用二三百年前的語言寫成的書時，我們到底在做什麼？

　　我們只不過是用現代生活給予我們的形象和觀念取代古代生活給予種族成員的形象和觀念。那些觀念與現在人們想到的完全不同，因為那時他們的生存條件與現在無法比擬。法國大革命期間當人們自以為在復興古希臘羅馬藝術時，其實他們在做的無非是將從未有過的含義賦予古代詞語。

　　古希臘制度與今日用同樣的詞語制定出來的制度之間可能存在相似之處嗎？當然不會。那時的共和國本質上是為貴族利益服務的制度，這些貴族其實就是一群小君主結成的團隊，被

他們統治的群體是絕對順從的奴隸。這種建立在奴隸制基礎上的集體貴族統治，是無法離開奴隸制而存在的。

「自由」一詞亦是如此。在一個不可能懷疑思想是不自由的地方，如果你敢談論城邦諸神、各項法律以及不同習俗，就是犯了當時最大的罪，這時的自由與我們今天賦予自由的含義相比，有何相同之處？

對於雅典人和斯巴達人，「祖國」意味著什麼？它只能是指對雅典或斯巴達的崇拜，而絕不可能指各自為政、互不統屬，又常常為了爭奪領地兵戎相見的各個城邦組成的希臘。對於古代的高盧人而言，「祖國」又具備怎樣的含義呢？高盧是由相互敵對的部落和種族構成，這些種族有著不同的語言和宗教，它最終被凱撒輕易地征服，就是因為凱撒總能在它們之中找到盟友。高盧之所以能夠成為一個國家，正是由於羅馬賦予了它政治和宗教的統一。

不說那麼遠，就說兩百年前的法國，我們能認為今天法國各省對「祖國」的理解，與曾經聯合外敵反叛自己君主的大孔代（the Great Conde，編按：路易二世，為十七世紀最傑出的統帥之一）所理解的一樣嗎？同樣還是「祖國」，現代人與那時移居國外的法國保皇黨人對祖國的看法不是也相差甚遠嗎？他們認為反抗法國是固守忠誠，服從命令。因為在封建制度的法律中，諸侯與君主息息相關，而非土地，所以君主在哪裡，哪裡就是他們的國家。

隨著時代的變遷，含義發生深刻變化的詞語很多。對它們的理解，我們只能達到過去經過漫長努力所理解的程度。有人正確地指出，即使僅是為了理解「國王」或「王室」對我們祖先意味著什麼，也需要做大量的研究工作。如果是更為複雜的詞語，出現的情況又就不言而喻了。

　　因此，詞語的含義是短暫易變的，它因時因人而異。當我們想透過詞語來影響群體時，就必須清楚詞語在既定時刻對於群體的含義，而不是這些詞語過去的含義或精神構成不同的人所賦予它們的不同含義。

　　當發生政治動盪或信仰轉變時，群體會對某些詞語產生反感，這時真正的政治家的首要任務就是在不改變事物本質的情況下，給它們換個名稱。當出現因為詞語本義與其固有結構的聯繫過於緊密而難以改變的事物時，都會採用這種方法。睿智的托克維爾（Tocqueville）很久以前就曾說過，領事館和帝國要做的就是將過去大部分制度的內容換個新說法，即用一些新詞代替那些會讓群體產生反感的詞語。例如，將「地租」改稱為「土地稅」，「鹽賦」稱為「鹽稅」，「徭役」則用間接的方式進行攤派；商業公司和行會的稅款則用收取執照費的方式索取等等。

　　政治家最基本的任務之一就是對流行語或者那些平庸的、群體無法繼續忍受其舊名稱的詞語改頭換面。詞語的力量十分強大，大到足以使最令人討厭的事物換個適當的名稱後，可以

再次被群體接受。

　　泰納公正地指出，雅各賓黨人士正是利用了當時十分流行的「自由」、「博愛」口號，「建立了足以和達荷美（Dahomey，編按：西非人於十七世紀建立的封建國家）暴政相媲美的專制統治，以及與宗教法庭相類似的審判制度，並做出近似於古墨西哥時期的人類大屠殺。」統治者與律師一樣，最重要的技巧就是完美地驅駕詞語。這個技巧最大的難度在於，在一個社會裡同一個詞語對於不同的社會階層常常有著不同的含義。來自不同階層的人用著相同的詞語，卻表達著不同的意思。

　　在上面的例子中，時間是導致詞語含義發生變化的主要因素。然而，如果我們把種族因素考慮進來，會看到同一時期的人們，雖然教育程度相同，但由於來自不同種族，相同的詞語往往也會引起極為不同的聯想。如果不是走南闖北、經驗豐富的人是不會理解這些差異的。因此有關這一點我不再多述。我只想指出，正是那些群體使用最頻繁的詞，在不同民族往往有著截然相反的含義。例如今天最常用的「民主」、「社會主義」就是如此。

　　事實上，在拉丁民族與盎格魯撒克遜民族中，這些詞語有著十分對立的概念與聯想。對於拉丁民族而言，「民主」是指個人意志和主動性要絕對地服從國家所代表的集體意志和自主權，是國家在日益加強對一切的控制，國家集權、壟斷並製造

一切。因此，無論是激進主義者、社會主義者還是保皇主義者，全都無一例外地依賴國家。而「民族」的含義對於盎格魯撒克遜民族，尤其是美國人而言，則恰恰相反。在他們眼裡，「民主」是指個人意志的極端發展，國家要盡可能完全服從個人的發展趨向，並且不能控制包括公共教育在內的任何事物，除了員警機關、軍隊和外交。由此可知，「民主」對一個民族而言，是指個人對占有優勢地位的國家意志和主動性的服從；對另一個民族而言，卻是指國家對個人意志和主動性極度發展的完全服從。

幻想（人類藝術與文明真正的締造者）

自文明出現以來，群體常常受幻想的影響。他們為那些給他們製造想像的人建造神廟、豎立雕像、設壇祭奠，這種信仰崇拜超越了他們對其他任何階級的態度。不論是曾經占據人們思想主導的宗教幻想還是現在風靡的哲學和社會幻想，這些令人畏懼的無上力量總能在我們星球上一切持續繁榮的文明中心找到。

古巴比倫和埃及的神廟、中世紀的宗教建築是為了它們而建造；一個世紀前震撼整個歐洲的一場大動盪也是因為它們而爆發；沒有一種政治、藝術和社會觀念能夠逃脫它們強大的影響。

有時，人類為了消滅這些幻想會發動可怕的動亂，但是它們似乎註定將再次興起。因為沒有幻想，人類不可能擺脫自己原始的野蠻狀態；沒有幻想，人類會很快再次回到野蠻狀態。毫無疑問，這些幻想是毫無意義的，但正是我們這些夢想的產物讓各個民族創造出了光輝壯麗的藝術和偉大的文明。

如果將博物館和圖書館毀掉，如果將石板路上教堂前受宗教激發而產生的所有藝術作品和遺跡推倒，人類偉大的夢想還剩下什麼？讓人類懷揣著這些希望和幻想吧，否則他們將無法生存。這就是神靈、英雄和詩人存在的原因。科學承擔起這項任務已經有五十年了。但是對於愛幻想的人類來說科學只能算是一個殘疾兒，因為它不敢慷慨地做出承諾，因為它不能撒謊。

上個世紀的哲學家滿懷熱情地投身於消滅各種宗教、政治和社會幻想的事業中，而我們的祖先已在這些幻想中生存了許多個世紀。幻想被毀滅後，希望和順從隨之消失。人類需要重新開始面對盲目而無聲的自然力量，這種自然力量拒絕軟弱、無視弱小。

無論哲學如何進步，它始終無法提供任何吸引群體的夢想。但是群體會不惜代價地尋找自己的夢想。他們會像昆蟲本能地尋找光亮一樣，向迎合他們的巧言者靠近。

推動民族發展的主因往往是謬誤，而非真理。今天社會主義勢力之所以如此強大，原因就在於它所形成的終極幻想依舊

生機勃勃。儘管存在所有科學證據，它的勢力依然持續壯大。它的力量主要來自那些無視事實又敢於承諾未來的人們。如今，盛行的社會主義幻想建立在過去大量的廢墟之上，未來是屬於它的。群體從未渴求過真理。對於不順眼的證據，他們避而不談；若是受到謬誤的誘惑，群體更願意相信它們。凡是為他們提供幻想者，就會輕易成為他們的主人；凡是試圖毀滅他們幻想的人或者物，都會淪為他們的犧牲品。

經驗（群體擺脫幻想控制的利器）

經驗幾乎是唯一能夠使群體確立堅定的真理、消滅危險的幻想的有效方法。要想達到這個目的，經驗必須在非常大的範圍內不斷重複發生。通常，一代人的經驗對後代起不了任何作用，這就是以史實作為證據而達不到目的的原因。它唯一的作用就是證明：經驗只有在一定範圍內一代代的重複發生才能產生作用，意即撼動群體根深柢固的錯誤觀念。

十九世紀以及之前的一段歷史是個常常被史學家稱作奇妙經歷的年代，因為沒有一個年代有過如此多的經歷體驗。法國大革命無疑是其中規模最大的一次。

要想明白社會是不會遵照純理性的要求從裡到外重新來過的道理，需要付出數百萬條性命和歐洲二十年劇烈動盪的代價。為了從經驗上證明這一點，獨裁者讓擁戴他們的民族付出

了慘重的代價，五十年裡遭受兩次災難性的經歷。

　　儘管這些往事歷歷在目，但似乎仍不能令人信服。第一次經歷，造成三百萬人喪命並引發一次入侵；第二次經歷，造成領土喪失並意識到常備軍的必要性。此後，幾乎就要發生的第三次經歷，一定會在將來的某天來臨。要想使整個國家相信，龐大的德國軍隊已經不再是三十年前那支無害的國民衛隊，恐怕還需要一場代價慘痛的戰爭經歷。意識到實行貿易保護措施會讓這個國家破產，至少需要二十年災難性的經歷。諸如此類例子實在是不勝枚舉。

理性（對文明發展不起作用的「垃圾」）

　　在列舉影響群體心理因素時，如果不指出理性的消極作用，則完全可以不用談到理性。

　　我們已經指出群體不受理性影響，他們只能理解那些隨意聯想到的觀念。因此懂得如何影響群體的演說者，總是試圖引起他們的情感共鳴而非理性。

　　想用嚴密的邏輯規律來吸引群體是根本不可能的。要讓群體相信自己的觀點，就必須了解使群體產生興奮的各種情感，並假裝感同身受，接著利用最基本的聯想和極具暗示性的概念改變他們的想法。如有必要，回到最初的觀點，一步步預測演講可能激發的情感。

這種根據話語產生的效果不斷改變措辭的必要性，使一切有效的演說都不可能事先準備好。在這些事先準備好的演說裡，演說者只遵循自己的思路是根本行不通的，因為他們沒有辦法顧及群體的感受，這麼做是起不到任何效果的。

講話有邏輯習慣的人，慣於相信一系列邏輯嚴密的論證。於是，當他們與群體說話時，難免會借助這種邏輯說服方式。但是，他們總是會驚訝地發現自己的論證竟然毫無效果。一位邏輯學家寫道：「通常數學結果是通過演繹推斷得出的，即一組公式的推算結果，具有權威性……如果它們可以遵循這組公式的話，即使無機物也會同意這種權威性。」這話當然不錯，但是群體並不比無機物更能遵循這些公式，他們甚至沒有辦法理解它們。如果試圖用理性說服像野蠻人或兒童這樣簡單的腦袋，就會知道這種論說方法是多麼一文不值。

想要了解理性在與情感的較量中顯得多麼軟弱，我們沒有必要退化到原始人的水準。我們只需回頭看一下那些與最簡單的邏輯都不相符的宗教迷信，是如何頑強地持續了數個世紀。在近兩千年的時間裡，即使才華蓋世的天才也會在它面前低下頭來。只有到了現代，它的真實性才開始受到懷疑。中世紀和文藝復興時期有過不少有識之士，但從未有誰能夠理性地對待自己迷信中幼稚的一面，或者對魔鬼的罪惡或燒死巫師的必要性表示過一點懷疑。

對於群體不受理性指引這一點，我們應該感到遺憾嗎？我

們無需下結論。毫無疑問，激發人類走上文明之路的不是理性，而是充滿激情與膽量的幻想。從幻想能夠支配我們的無意識力量來衡量其存在的價值，得到的答案無疑是肯定的。每個種族的精神構成中都有一種命運的定律，這種定律有一種不可抗拒的衝動，即使這種衝動有時顯得極不合理，也會使種族服從它。有時，民族的前進似乎受到某種神秘力量的驅使，這種力量與使橡果長成橡樹或讓彗星圍繞固定的軌道運轉的力量極其相似。

要想了解這種神秘力量，就必須從人類的整個發展過程中去尋找答案，而不是從歷史上不時發生的孤立事件中尋找。如果只考慮這些事件，歷史似乎就是一連串不可能的巧合造成的結果。一個伽利利的木匠不可能成為一個持續二千年之久的全能之神，並在他的名義下創造最重要的文明；一幫來自沙漠的阿拉伯人也不可能征服古希臘羅馬世界的大部分地區並建立起比亞歷山大帝國更強大的帝國；在歐洲某個十分發達的時期，權力已被嚴格等級化，一個小小的炮兵中尉不可能征服眾多民族與他們的國王。

因此讓我們把理性留給哲學家，不要過於堅持它對人類的控制。儘管常常存在著理性，但是一切文明發展的主要動力——情感，卻不是由理性產生的。這些情感有尊敬、自我犧牲、宗教信仰、愛國主義以及對榮譽的熱愛等等。

第7章
群體領袖及其說服手段

群體領袖
（貪圖個人利益的巧言者）

當一群生物聚在一起，無論是動物還是人類，他們都會本能地服從一個頭領的領導。

人類群體的領袖雖然在很多時候只是一個小頭目或煽動者，但卻起了很大的作用。

他的意志力是群體意見聚合並達成一致的核心。他是異質群體組織化的第一構成要素，為組成派別並管理他們做好準備。沒有頭領，群體將一事無成。

領袖最初常常也是被領導者中的一員。他因為對某種思想著迷，從而成為這種思想的信徒。他對這種思想的癡迷使他感受不到外界任何事物，一切相反的觀點對他來說只是謬誤或迷

信。羅伯斯比爾就是典型的例子。他極度癡迷於盧梭（Rousseau）的哲學思想，甚至不惜借助宗教法庭的力量來達到宣傳這種思想的目的。

我們所謂的領袖，常常是實踐家而非思想家。他們沒有遠見卓識，他們也不會如此，因為這會使他們對事物產生懷疑而變得無所作為。領袖尤其易產生於精神異常、易興奮、游走於瘋狂邊緣的半瘋狂之人當中。不論他們的想法或目標多麼荒謬，他們堅定的信念會使任何理性毫無立身之處。任何輕視與迫害影響不了他們，反而使他們變得更加興奮。他們捨棄個人利益，拋棄家庭甚至一切，自我保護的本能在他們的潛意識裡根本不存在，他們別無它求，只求以身殉道。他們的話語因為具備強烈的信仰變得十分具有說服力，所以人們總是喜歡追隨意志堅定的人。更重要的是，他們還知道如何使民眾接受自己的想法。群體成員缺乏意志，會本能地轉向意志堅定的人，因為他們身上具有群體成員缺乏的品質。

民族從不缺乏領袖，但並非所有領袖都能像信徒一樣被強烈的信念激發。這些領袖常常是只貪圖個人利益的巧言者，他們常常以迎合大眾的各種低級本能的方式對其進行說服。這種方式產生的影響是巨大的，但往往稍縱即逝。能夠撩撥群體心弦的狂熱信徒，如隱士彼得（Peter the Hermit）、路德（Luther）、薩沃納洛拉（Savonarola）以及法國大革命的各色人物，他們必須先對某種信條著迷並深信不疑後，才能引起群體的興趣，

從而喚起群體心中一股不可抗拒的力量——即信仰，它會使一個人完全成為自己夢想的奴隸。

無論是宗教、政治、社會信仰，還是對一本書、一個人或一種思想的信仰，往往是由群體領袖所激發；在這一點上，他們的影響力巨大。人類擁有的一切力量之中，信仰的力量最強大。福音書上說，它有移山跨海之力。如果一個人有了信仰，就等於壯大了十倍的力量。歷史上重大的事件都是由一些無名的狂熱信徒引發的，沒有什麼比他們的信仰更重要。無論是控制世界的偉大宗教或是橫跨半球的龐大帝國，它們的建立絕不是依靠學者或哲人的幫助，更不是那些懷疑論者。

在上述事例中，我們的論述物件都是一些重要的領袖人物。他們人數不多，因此我們可以輕而易舉地將他們從歷史中一一整理出來。他們構成了連續體的制高點，這個連續體即包括位高權重的統治者，也包括無權無勢的勞動者。在煙霧彌漫的小酒館裡，他們不停地往同伴的耳朵裡灌輸一些他們自己也不甚理解的公式化語言，慢慢使其癡迷於此。他們告訴同伴，只要遵照他們所言去做，一切的夢想與希望必將實現。

在任何一個社會領域裡，無論是最高尚的還是最卑微的人，一旦不再獨立，很快便會受到某個領導者的控制。大多數人，尤其是群體中的多數人，除自己的專長外，對其他任何事物都不曾有過清晰而合乎邏輯的想法，所以領袖成為了他們的引導。但是，有些時候領袖的作用也可以被定期出版物取代，

雖然多數情況下效果並不佳。這些出版物會製造很多有利於領袖的輿論，為他們提供現成的話語，使他們不必再為說理費神。

群體領袖行使的權力十分專制，當然這種專制是他們獲得追隨者支持的前提。但我們也會常常發現，即使他們的權力背後沒有任何支持手段，他們也能輕而易舉地得到工人階級中部分狂亂分子的支援。他們規定工作時間和工資水準，他們下令罷工並決定起始和終止的時間。

目前，隨著政府越來越受到質疑，以及權力的日益分散，那些群體的領袖者和煽動者越來越傾向於篡奪政府的權利。這些新主人暴政的結果是使群體在服從它們時，要比服從以前任何一個政府都聽話得多。如果由於某種變故，領袖退出了舞臺，群體就會變回散漫無序的狀態，如同一盤散沙不堪一擊。如上次巴黎公車雇員的罷工，當兩個指揮的領袖被抓起來後，罷工便草草收場了。群體精神最需要的不是自由而是順從。他們如此願意屈從於別人的意志，以至於只要有人自稱是他們的主人，他們就會本能地聽命於他。

這些領袖與煽動者可分為明顯不同的兩類。第一類人，他們活力四射，卻只擁有一時的堅強意志；第二類人比第一類人更為罕見，他們意志力持久。第一類人崇尚暴力卻有勇無謀。他們能夠指揮突然決定的一場暴動，帶領群眾赴險犯難，使他們一夜之間從新兵變為英雄。法蘭西第一帝國的內伊（Ney）、

繆拉（Murat）和當代的加里波第（Garibaldi）就屬此類。加里波第一無所長，卻是個精力充沛的冒險者，他僅憑一小夥人就成功占領了由紀律嚴明的軍隊保衛的那不勒斯王國。

這類領袖的力量雖然不可小覷，但持續時間不長，很難比使這股力量產生的原因更持久。當這些英雄們失去了這種力量，回歸本來生活時，他們常常會暴露出令人匪夷所思的性格弱點。他們雖然曾經叱吒風雲，但卻無法在最簡單的環境中思考並正常行事。他們是這樣一類領袖：只有當他們自身同樣受到某種領導並不斷被激發，而且總是受某個人或某種思想指引，有明確無誤的行動準則可遵循時，他們才能發揮作用。

還有一類領袖，他們意志力持久，雖不那麼引人注目，卻有著更為強大的影響力。如某些宗教與偉大事業的真正創始人，聖保羅（St. Paul）、穆罕默德（Mahomet）、哥倫布（Christopher Columbus）和德‧雷賽（de Lesseps）同屬此類。他們是睿智還是狹隘已經無關緊要，因為世界無疑是屬於他們的。他們具備的持久意志力所具有的能量是罕見且強大的，強大到足以讓一切事物俯首稱臣。但遺憾的是，這種能夠成就事業、強大且持久的意志力卻總是得不到應有的重視。即使如此，依舊沒有任何事物可以阻擋它前進，無論是自然、神靈，還是人類。

這種勢不可擋的、強大而持久的意志力會造成什麼結果，讓我們看看德‧雷賽近來為我們提供的這個例子就知道了。他

將世界分為東西兩半，並想成就一項在過去三千年裡連最偉大的統治者都一無所獲的事業。後來，他同樣敗在了這項事業上，那是因為他年事已高，包括意志力在內的一切成就事業所需的特質都屈服在蹉跎的歲月面前。

要想說明僅憑意志的力量到底能夠在人們完成事業的過程中起到多大的作用，只需翻開歷史的某一頁，看看開鑿蘇伊士運河時，人們到底克服了多少困難便可知曉。親眼目睹該事件始末的博士卡澤里茲（Cazalis）用令人震驚的寥寥數語概括了這一偉大工程的不朽，以下便是博士詳細記錄下這個故事的主人公講述的事件始末：

「日復一日，他不斷講述著有關運河的驚人故事。他講述了在這個事件中他是如何戰勝一切困難，如何將不可能化為可能的；他還講述了遇到的所有反對聲浪，以及聯合起來反對他的同盟；他歷經的種種無奈、絕望、逆境與挫敗，但是這些困難沒有讓他灰心喪志。

他回憶起英國是如何毫不停歇地對他的工作展開進攻；埃及與法國是如何的舉棋不定；工程初期法國領事是如何帶頭反對他以及為了反對他繼續開展工作而做惡毒的事情：有人企圖用斷水的方式逼迫他的工人；海軍部長、工程師以及所有經驗豐富、受過科學訓練的、有責任感的人，最終都站到了他的對立面，並以科學的角度斷言災難即將來臨。他們像預測日蝕一樣地預測災難降臨的日期。」記載這些偉大領袖生平的書中不

會包含許多人物，但這些人物卻與文明史上最重大的事件緊密相連。

領袖的說服手段：斷言、重複和傳染
（說服群體的最好的修辭手法）

如果想在短時間內讓群體興奮起來，誘使他們加入任何行動，如掠奪宮殿、誓死捍衛某個要塞或防禦要點，就必須讓群體迅速感應到這種短暫的暗示，其中最有效的暗示是榜樣。要想達到這個目的，群體還必須事先具有某種環境上的準備，當然首要因素應該是意圖領導群體的領袖應具備的素質，我稱之為聲望，這還有待進一步研究。

當領袖準備用各種觀念和信仰激發群體情感時（如各種現代社會理論），他們會借助各種不同的有效方法。其中最重要的方法共有三種，分別是斷言、重複和傳染。它們的作用發揮得雖然有些緩慢，但一旦起效，其影響力就是持久的。

無需任何推理與論證的純粹斷言，是讓某種觀念進入群體腦中最可靠的手段之一。斷言越簡潔，論證越貧乏，影響力反而會越大。每一時代的宗教典籍和法律章程往往都借助於簡單的斷言。無論是號召人們捍衛某項政治事業的政治家，還是利用廣告推銷產品的商人，他們都熟諳斷言的作用。

斷言要想真正發揮作用，就必須盡可能地以同樣的措辭不

斷進行重複。我相信拿破崙曾經說過的話：重要的修辭手法只有一個，就是重複。所以那些能夠在人們心中生根的事情往往是經過不斷重複斷言的事情，因為只有這樣人們才會將其視為已被證實的真理，加以接受。

當我們看到重複的力量對最睿智的頭腦產生的影響後，就不難理解它為何會對群體產生如此巨大的影響了。這種力量產生的原因在於，不斷重複的話語會長久地駐紮在我們無意識自我的深層區域，這裡正是我們行為動機形成的地方。雖然一段時間後，我們會忘記是誰說了這些不斷重複的斷言，但是我們依舊會對斷言深信不疑。

廣告之所以有如此令人吃驚的力量正源於此。當我們成千上百次地聽到X牌巧克力是世界上最好巧克力的說法，我們就會以為其他地方的人們肯定也這麼認為，最終我們會對這種說法確信無疑；當我們上千次地讀到關於Y牌的藥粉治好了某某知名人士的頑疾的廣告，一旦我們患上了同種的疾病，也一定會想試試這種藥。如果我們總是在同一家報紙上讀到A是個徹頭徹尾的流氓，B是個老好人，我們會認為事實就是這樣。除非我們在另一家報紙上看到將兩人完全顛倒過來的對立觀點。如果讓斷言與重複進行較量，它們各自都具有足夠強大的力量。

當某種斷言得到充分重複，這種斷言就會變得毫無異議，如同某些富有到足以購買所有參與者的知名金融企業，此時就

會形成我們所謂的流行觀點，強大的傳染過程開始介入。群體的各種想法、觀點、情感和信仰，都具有像細菌一樣強大的傳染力。這種現象很自然，即使在動物群中也能發現。當馬廄裡的一匹馬開始咬食槽，另一匹馬也會如此仿效；羊群中幾隻羊突然表現出的驚慌會迅速傳染給整個羊群。

群體中某個人的情緒會迅速感染給其他人，驚慌的突發性也正因為此。大腦失常如瘋狂的行為一樣，本身就具傳染性。所以我們才會常常看到一些精神病專家發生精神失常的事情，這已是公認的事實。值得一提的是，最近提到的某些精神失常的病症，如陌生環境恐懼症，也可以由人傳染給動物。

同時出現在某地不是人們受到傳染的必備條件。某些事件的影響可以使身處異地的人們同樣受到傳染的作用，前提是這些事件能夠讓人們產生一種獨特的心理傾向以及群體獨有的特徵。特別是當人們受到我之前論述的間接因素的影響後，心理上已經有所準備時，情況尤為如此。一八四八年的革命運動充分說明了這一點，革命在巴黎爆發後，迅速傳遍歐洲大部分地區，並動搖了許多國家的君主寶座。

模仿實際上只是傳染的一個結果，雖然社會現象中很多影響歸因於它的作用。有關模仿的影響，我已在另一本書中作過論述，在此我只引述一段十五年前就此問題發表的論述。在最近的出版物中，我的以下觀點已被其他作者作了進一步闡述：

「人類和動物一樣具有模仿的本能。對於人類而言，模仿

是必然的，因為相對於其他事情而言，純粹的模仿別人總是容易得多。也正因如此，時尚的影響力才會如此巨大。無論意見、觀點、文學作品或者只是衣著打扮，有多少人敢與時尚背道而馳？

影響群體的是榜樣而非論證。無論哪個時期總是會有些這樣的人，他們會站在公眾的對立面，並受到無意識大眾的模仿。然而，他們畢竟勢單力薄，所以不能明目張膽地公開反對主流觀點。如果他們這麼做了，那麼無意識大眾模仿他們就會變得很困難，他們也將無法起到任何作用。因此，超越時代的人往往起不了什麼作用，因為兩者之間的界線過於明顯。同樣地，儘管歐洲文明具備所有優勢，但是對於東方民族來說，它的作用微乎其微，因為彼此間的差異猶如天塹。」

歷史與模仿的雙重作用，會讓生活中一個國家和一個時代的所有人在經歷了漫長的時間洗禮之後彼此相似，甚至那些不容易受外界因素影響的人，如哲學家、學者和文人，他們的思想和風格在雙重作用下，也呈現一種與某社會相似的面貌，使人能很快地辨認出他們所處的時代。因此要想了解一個人的讀書喜好，娛樂消遣習慣以及他的生活環境，並不一定非要與他長時間地交談。

傳染的感染力很大，它不僅可以輕而易舉地使個體接受某些觀點，而且還能將某些情感模式強加於他們。傳染還是造成某些作品在某個時期受到輕視的原因，《唐懷瑟》（*Tannhauser*）

即是如此。幾年後，同樣因為傳染，那些批評者又轉而對它讚賞有加。

群體的意見和信仰就是透過傳染以達到宣傳普及的，在這個普及的過程中，推理論證起不到絲毫的作用。目前流行於工人階級的各種觀念是他們從酒吧獲得的，這是斷言、重複和傳染的結果。的確，每個時代建立群體信仰的方式大都如出一轍。勒南（Renan）公正地指出了基督教的最初創始人與「從一間酒吧到另一間酒吧傳播觀念的社會主義工人」之間的相似性；在基督教問題上，伏爾泰也注意到「一百多年來，信奉基督教的只是一群最卑劣的烏合之眾。」

需要注意的是，與我之前提到的情況相似，當傳染作用於大眾階層之後，便開始向社會上層傳播。這就是今日我們在社會主義學說身上看到的現象，它正被即將成為首批犧牲者的人接受。傳染的力量十分強大，在它的影響下個人甚至可以完全不計利益得失。

由此說明一個事實，凡是民眾接受的觀點最終都會頑強地紮根於社會最上層，不論這些觀點多麼荒謬。更有意思的現象是社會下層對於社會上層的這種反作用，雖然群體信念總是或多或少地起源於某種更為高深的思想，但是它在自己的發源地往往起不了任何作用。

當領袖與煽動者被這種高深的思想征服後，就會對這種思想加以控制、改造，最終將之改頭換面為另一個宗派，然後向

大眾宣傳普及，而大眾又會對其進一步改造。當這種思想成為大眾真理後，它就會被重新帶回自己的發源地並對這裡的上層產生影響。從長遠看來，是智力因素決定了世界的命運，但這種影響是間接的。當哲學家的思想經過我所描述的那些過程，最終取得勝利時，他們早已不在人世了。

聲望
（麻痹群體判斷力的殺手鐧）

當某種思想利用斷言、重複和傳染手段進行宣傳後，會因環境而獲得一種巨大的力量，這種神秘力量即是聲望。

世界上的任何一種統治力量，人也好、思想也罷，強化權力的主要手段都是借助於這種不可抗拒的力量，即「聲望」。這個詞的表面含義人人都能領會，但因其用法相差甚遠而難以給出確切的定義。聲望所涉及的情感有兩種：崇拜和畏懼。有時這些情感是它存在的基礎，但是脫離情感，聲望也照樣可以很好地延續下去。最大的聲望屬於那些已故的人，即我們曾經十分畏懼的人，如亞歷山大、凱撒、穆罕默德和佛祖；除此之外，還有一些我們明知道根本不存在的虛幻形象，如印度地下神廟裡的可怕神靈，也憑藉強大的聲望對我們產生影響。

聲望，通常會利用某個人、某本書或某種思想來控制我們的精神。這種控制完全麻痹了我們的判斷力，使我們沉浸在驚

訝與敬佩的情感之中。這種情感與其他所有情感一樣無法解釋，如同著了魔一般。聲望是一切權力的主因，不論是神靈、國王或是女人，要想擁有一片天下都離不了它。

聲望可分兩類：先天聲望和個人聲望。先天聲望來自頭銜、財富和名譽，與個人聲望無關。相反地，個人聲望基本上為個體特有；它可以與名譽、榮耀和財富並存，也可因此得到加強；但是離開它們，個人聲望照樣可以存在。

先天聲望或人為聲望最為普遍。只要一個人謀得一官半職、擁有一定的財富或頭銜，他就享有這種聲望，不論這個人多麼一文不值。身著軍裝的士兵和法袍在身的法官總能令人心生敬畏。巴斯卡（Pascal）正確地指出了法官法袍和假髮存在的必要性。沒有了這些東西，他們的權威會大打折扣。即使最堅定的社會主義者也會受到王公貴族形象的影響。當某個人擁有這些頭銜，侵占商人的財產會變得易如反掌。

上述聲望是由人體現的，除此之外，還有一種聲望是透過各種觀點、文學和藝術作品來實現的。這種聲望往往是日積月累的結果。歷史，尤其是文學和藝術的歷史，只不過是結論的不斷重複，沒有人證實結論的真偽，每個人只是不斷重複從學校學到的東西，直到無人再敢隨意篡改這些名字和種種事物。

對現代讀者而言，研讀荷馬（Homer）無疑是一件極其枯燥的事情，但沒有任何人敢如此坦言。巴特農神廟現在的樣子，只是一堆毫無看頭的廢墟，可是它的聲望使它看起來不是

實際的樣子，而是伴隨著所有重大歷史記憶的沉浮。

聲望的顯著特徵就是讓我們看不清事物的本質，使我們喪失所有的判斷力。通常，群體和個體都需要關於所有事情的現成觀點。這些觀點的受歡迎度與對錯無關，只受聲望影響。

現在我們來看看個人聲望。它的本質與人為聲望或先天聲望迥然不同。它是一種與地位、權力無關，而且只有少數人具備的特質。這些人能對他周圍的人施展真正的魔力，儘管他們之間社會地位平等，而且他們也無任何統治手段。這些人迫使周圍的人接受他們的想法與情感，而眾人服從他們就像吃人的猛獸服從馴獸師一樣簡單。

佛祖、耶穌、穆罕默德、聖女貞德（Joan of Arc）和拿破崙這些偉大的群體領袖都享有這種崇高的聲望，而且他們取得的地位也多歸因於這種聲望。各路神靈、英雄豪傑和諸家言說都是憑藉自身內部強大的力量才能夠在世界範圍內一往無前。當然它們不能拿來細究，一旦細究便不復存在了。

我剛提到的這些偉人，在成名之前早已具備了這種神奇的魔力，可以說，如果沒有這股力量做後盾，他們也就不會取得如此成就。例如，集萬般榮譽於一身的拿破崙，不僅只是憑藉手中的權利就享有巨大的聲望，因為當他還是無權無勢的無名小輩時，他在某種程度上已經具備了這種聲望。當他被派往指揮義大利軍隊時，只是一名普通將軍。到義大利之後，他發現自己原來處在一群粗暴的將領之中，而且這些人一心想給這位

總部派來的空降兵一點苦頭吃，幸虧有那些權勢貴族給他當保護傘，所以第一次會面時，在沒有借助任何言語、體態或威脅的情況下，他們一看到這位將會成為無比非凡的人物時就被征服了。借助於當時的回憶錄，泰納對這次會面作了有趣的描述。

「師部將軍中，奧熱羅（Augereau）是個粗野彪悍的流氓軍人，常常以其偉岸的體格和無比的膽量自詡。他來到軍營，對派給他們的法國暴發戶心懷不滿。關於暴發戶的種種描述，奧熱羅準備予以無禮拒絕：巴拉斯（Barras）的寵兒，一個因旺代事件（編按：法國大革命時期的一場農民叛變）而獲得軍銜的將軍，他看上去粗魯野蠻，以前的最佳成績就是街頭鬥毆；由於他總是獨自思考低劣的事情，便有了數學家和夢想家的名聲。

將軍們被帶來了，但拿破崙命其在外等候。終於，他身拽軍刀出現在他們面前。他帶上軍帽，解釋完方案後，下達命令，最後讓他們離開了。奧熱羅一直沉默不語，當他出門後才恢復了常態，又和往常一樣信口謾罵起來。他向馬塞納（Massena）坦言，這個魔鬼般的小個子將軍讓他感到敬畏，他搞不懂那種從最一開始就將他壓倒的氣勢。」

成名之後，拿破崙的聲望隨著他的榮耀與日俱增，甚至他已成為了追隨者心中的上帝。旺達姆（Vandamme）將軍，一介莽夫，大革命時期出身的軍人，甚至比奧熱羅更野蠻、更精

力旺盛。一八一五年，當他與德‧阿納諾（d'Arnano）元帥一起登上杜伊勒利宮的樓梯時，他對元帥談到拿破崙，他說：「那個魔鬼一樣的傢伙像是對我施了魔法，連我自己都搞不明白。我既不怕神也不怕鬼，可是在他面前，我卻會害怕的像個孩子直打哆嗦，恨不能找個洞鑽進去算了。」

　　拿破崙對任何與他接觸過的人，都能產生這種神奇的魔力。

　　達武（Davoust）在談到馬雷（Maret）和他自己的奉獻精神時說：「如果皇帝對我們說，『摧毀巴黎，不能讓任何一個人離開或逃走，這對我的政治利益十分重要。』我相信馬雷會保守這個秘密，但是他不會放棄讓自己家人逃離這座城市的機會。而我會因為擔心走漏風聲，讓我的妻兒留在這裡。」

　　必須牢記這種魔力的驚人力量，才能理解拿破崙為何能夠奇蹟般地從厄爾巴島返回法國，即面對一個對他的專制統治十分厭倦的強大國家的全部武裝力量，他獨自一人閃電般地征服了法國。對於那些發誓要完成使命前來攻擊他的將軍們，他只需一個眼神，他們便束手就擒了。

　　英國將軍吳士禮（Wolseley）寫道：「拿破崙，一個來自厄爾巴小島的逃犯，幾乎是單槍匹馬地返回了法國。幾週之內，兵不血刃，成功地將合法國王統治下的法國所有權力組織推翻。想證明一個人的氣勢還有比這更驚人的方式嗎？這場戰爭自始至終，他都以一種非同尋常的氣勢壓倒了同盟國，始終

掌握著主動權。這是他的最後一場戰役，差一點就打敗他們了！」

　　拿破崙死後，他的聲望依舊與日俱增。正是他的聲望，讓他平凡的侄子登上了皇位。時至今日，有關他的記憶仍然如此深刻，有關他的傳奇故事仍然被人們津津樂道。肆意迫害大眾，屠殺數百萬生靈，發動一次次的征戰，只要你享有足夠的聲望並能夠維持這種聲望，你就可以為所欲為。

　　的確，我所舉的都是一些有關聲望極不尋常的例子，但是這些例子對我們認識偉大的宗教、學說和帝國的起源是有幫助的。如果聲望對群體不產生任何影響，那麼這些偉業的建立會變得難以理解。

　　然而，聲望的基礎並不僅局限於個人權勢、軍事榮耀和宗教敬畏；它也可以有更加廣泛而普通的來源，而且產生的力量會毫不遜色。十九世紀為此提供了若干例證。其中讓後人代代相傳、記憶最為深刻的事例，是藉由分割大陸而改變地球面貌和各國商業往來關係的卓越人物的經歷。他之所以能夠成就一番事業，不僅因為他意志堅強，還因為他具有影響周圍人的魔力。為了平息所有反對聲浪，他只能展現自我。他言辭簡練，流露出的魅力可以化敵為友。在所有的反對聲音中，英國人的聲音是最強烈的，但只要他一出現，人們就會站在他這一邊。當他晚年路過南安普頓時，一路上教堂鐘聲不絕於耳。如今英國正在開展的一項運動，就是為了紀念他樹立一座塑像。

完成了必須征服的一切後，諸如人類、沼澤、岩石和沙地，似乎沒有任何困難可以阻礙他征服世界的腳步，他計畫在巴拿馬再鑿一條蘇伊士運河。他依舊採用老辦法進行這項計畫，但是他已不再年輕，曾經支撐他前進的移山填海的信念顯然已經無法再幫他將高聳的山脈移走。群山不從，災難隨之而來，英雄身上榮耀的光環終於被抹去了。他的一生揭示了聲望形成並消失的整個過程。在取得了足以和歷史上最著名英雄相匹敵的偉大成就之後，他竟然被自己國家的官僚打成了最卑賤的罪犯。他離開人世時無人相伴，靈柩所經之處遇到的是一群群麻木不仁、無動於衷的民眾。幸運的是，外國統治者依舊對他表示敬意以示懷念，如同對待歷史上最偉大的人物一樣。

　　上面所舉的例子仍是比較極端的。但是要想細緻了解有關聲望的心理學知識，將它們置於一系列極端的事例中是必要的。這些極端的事例既可以是宗教和帝國的創立者，也可以是因為一件新外套或一個裝飾品而在鄰居面前顯擺的人。

　　在這一系列極端的事情之間，我們發現所有形式的聲望都是由組成文明的不同要素引起的，如科學、藝術和文學等等，而且聲望還是說服群體的一個基本因素。在相互傳染的作用下，那些享有聲望的人物、觀點或事物會輕而易舉地成為人們有意或無意的模仿對象，從而使整整一代人都具備了相同的情感模式和思維表達模式。

　　通常這種模仿是無意識的，這正說明了它是一種理想的手

段。那些臨摹原始人類畫作風格的現代畫家在灰白色調和僵硬姿態之間根本找不到他們靈感的來源。他們認為自己是誠摯的，但是，如果沒有一位知名大師讓這種藝術形式復活，人們將繼續無視藝術的真實面貌而只看到他們低級幼稚的一面。

模仿另一位著名大師繪畫風格的藝術家們，在畫布上塗滿了紫羅蘭，但是他們並沒有比五十年前的畫家觀察到的紫羅蘭更多。這是因為他們受到這位畫家個人獨特見解的影響，即「暗示」作用，儘管這位畫家行為古怪，卻贏得了眾所仰望的名聲。在文明的所有因素中類似的例子不勝枚舉。

經由上述的論述可以得出這樣的結論：聲望是很多因素的結合體，其中「成功」是最重要的因素。因為成功，所以成功者的每個觀點，都會得到人們的認同，不再受到懷疑。因此，作為贏得聲望最重要的臺階之一，成功一旦消失，聲望也將隨之消失。昨日受群體擁戴的英雄一旦失敗，便會遭到曾經擁護他的民眾羞辱。聲望越大，帶來的這種反應就會越強烈。這種情況下，群體會將昔日的英雄視為自己的同類，並向自己曾經臣服，卻已倒臺的權勢進行報復。羅伯斯比爾的下場就是很好的實例，當初他將自己的同僚和大批人處死後，獲得了巨大的聲望。但是當再次選舉慘遭失敗後，他的權力全部喪失，聲望也立刻隨之消失，群體一反常態，開始齊聲詛咒他，並最終將其送上了斷頭臺，正如同前不久他的受害者受到的遭遇一樣。信徒們總是怒目橫眉地將他們以前信奉的神靈雕像打碎。

沒有成功做後盾的聲望很快就會消失。聲望會被磨滅，但是受到爭議的聲望會消磨地慢一些。然而爭議的力量是非常確信的。當聲望受到質疑，它就不再是聲望。能夠長期保持聲望的神或人，都經不起爭議的考驗。為了讓群體崇拜，必須與之保持距離。

第8章
群體信念與意見的變化範圍
（推遲文明滅亡的因素）

堅定不移的信念
（文明不可或缺的支柱）

生物的結構特徵與種族的心理特徵之間有著密切的相似性。在生物的結構特徵中，有一些穩定的或較穩定的因素，它們的改變需要以漫長的地質時間來計算。除這些穩定的、不可摧毀的特徵之外，還有一些特徵是透過飼養者或園藝家的技藝就可輕易改變的，有時它們會使漫不經心的觀察者忽略那些基本特徵。

在種族的道德特徵上也會發現同樣的現象。幾乎每一個種族都有兩種因素組成，即不變的心理因素和可變因素。因此我們在研究某種族的信仰與意見時會發現，在牢固的基礎根基之上總是可以看到一些附帶的意見，它們就像岩石上的流沙一樣

多變。

　　因此，群體的意見和信念可分為截然不同的兩類。一類是重要且穩固的信念，它們可以持續長達數世紀之久，構成整個文明的基礎。例如古代的封建主義、基督教和新教，現代的民族主義原則，當代的民主和社會主義觀念。另一類是短暫而易變的意見，它們通常是那些極易隨時代一起消失的一般學說的產物。例如影響文學藝術的各種理論，像是創造了諸如浪漫主義、自然主義或神秘主義的理論。通常這類意見都是表面的，如時尚潮流般變化多端。它們如同湖面上的漣漪，不斷地起伏波蕩。

　　偉大的普世信念屈指可數。它們的興衰成為歷史上每一重要種族發展的轉捩點。文明的真正體系便是由它們構成的。

　　讓某種觀念暫時影響群體極其容易；但是，要想讓這種觀念的影響力變得持久卻很難。同樣地，信念一旦得以確立，再想根除它也十分困難，唯一的辦法就是進行暴力革命。甚至當信念完全失去控制人類思想力量的時候，革命仍是唯一的辦法。在這種情況下，革命的任務是對已經遭到拋棄的信念做最後的清理，因為習慣勢力總是阻止人們完全捨棄它們。實際上，一場革命的開始即意味著一種信念的終結。

　　當一種偉大的信念註定難逃一劫的時候很容易辨認，即它的價值開始受到質疑。一切普世信念都是虛構的，它生存的唯一前提就是不受到任何的考校查驗。

然而，即使當一種信念受到嚴重衝擊時，建立於其上的各種制度仍保有它們的力量，消失過程會很漫長。最後，當信念完全失去威力時，建立於其上的一切都將隨之而毀滅。迄今為止，沒有哪個民族可以在改變其信念的同時，不破壞其文化的所有構成要素。民族在持續這一轉變過程時，會一直處在一種混亂無序的狀態中，直到他接受了一種新的普世信念。普世信念決定了各種思想的傾向，是文明不可缺少的支柱，是激發群體信仰並使其形成責任意識的基礎。

　　各民族一直都清楚擁有普世信念的好處，他們直覺地意識到這種信念一旦消失，就是他們衰敗的開始。以羅馬為例，羅馬人征服世界的信念是以民族對羅馬的狂熱崇拜為基礎，一旦這種信念消失，羅馬將註定毀滅。至於那些摧毀了羅馬文明的野蠻人，只有當他們獲得某種共同的信念，即達成某種團結並擺脫政治混亂的狀態時，才能做到這一點。

　　各民族在堅持自己意見的時候總表現得十分褊狹，這不是沒有緣故的。這種褊狹是對哲學批判的不容忍，是民族得以生存最必要的品質之一。正是為了尋找或堅持普世信念，才會有如此多的發明家和改革者在中世紀被送上火刑柱，即使免於殉道卻還是會死於絕望之中。同樣是為了堅持這些信念，地球上才會上演一幕幕恐怖的動亂，才會有數百萬人死於戰場或將要死在那裡。

　　確立普世信念的道路布滿了荊棘，可是，一旦它明確的建

立起來後便會長期地具有一種所向無敵的力量。不論從哲學上看它是多麼地漏洞百出，它總能使自己被最智慧的人接受。

在過去長達一千五百年的時間裡，歐洲各民族不是一直認為像莫洛克神一樣野蠻的宗教神話是不容置疑的嗎？傳說中的神為了報復違抗旨意的一個生靈，而對他的後代施以可怕的刑罰，幾千年裡竟然從未有人意識到這個神話傳說的極端荒誕性。就連伽利略（Galileo）、牛頓（Newton）、萊布尼茲（Leibnitz）這樣卓越的天才，也從未質疑過這種說法的真實性。沒有什麼比普世信念的催眠作用更有代表性，同樣沒有什麼可以更果斷地表明人類智慧存在著令人汗顏的局限性。

一旦某種新的信條深入人心，它便成為制度、藝術和生活方式形成的力量源泉。在這種情況下，它對人們思想的控制是絕對的。實踐者只想著如何將這種信念變為現實，立法者只考慮如何將其具體實施，哲學家、藝術家以及文人則一心鑽研於如何將之以不同形式表現出來。

基本信念可以產生一些短暫、次要的觀念，但是這些觀念往往會帶有基本信念賦予的特徵。埃及文明、中世紀的歐洲文明以及阿拉伯地區的穆斯林文明都是少數宗教信仰的產物，這些文明中即使最不起眼的構成要素都留有它們一眼即可辨認的特徵。

因此，普世信念使每個時代的人們都生活在相似的傳統、觀念和習俗構成的環境中，這讓他們表現出極為類似的特徵，

並難以擺脫這種環境的束縛。

人們的行為主要受他們的信念以及由信念形成的習俗支配。即使人們生活中最細微的行為也受這些信念和習俗控制，甚至最獨立的精神也難以擺脫這種影響。在不知不覺中控制人們思想的暴政，是唯一真正的暴政，因為你無從反抗。提比略（Tiberius）、成吉思汗、拿破崙表面看來是最令人敬畏的暴君，但是，深埋地下的摩西、佛祖、耶穌和穆罕默德則對人類精神實行著更為深遠的專制統治。

想推翻暴君，可利用密謀的起義行動，可是什麼可以成功地顛覆一種堅定的信念呢？在與羅馬天主教的激烈對抗中，最終被征服的是法國大革命，即使它借助了像宗教法庭一樣無情的毀滅性手段、得到了群體的支持也於事無補。人類記憶深處唯一真正的暴君，往往是對已故者的懷念或無意識中的幻想。

從哲學上看來十分荒謬的普世信念，總是會最終取得勝利。當然，如果缺少這種無法解釋的荒謬性，這些信念也無法取得成功。因此，即使今天的社會主義信念表現出明顯的破綻，也不會妨礙它在大眾中取得勝利。

宗教信仰提出的幸福理想只能實現於來世，沒有人可以提出質疑；社會主義者提出的幸福理想則是要在當下實現的，一旦有人為此付出努力時，社會主義承諾的虛無空洞必將立刻暴露無遺，同時新的信念也將很快身敗名裂。唯有在這種想法下，社會主義顯得遜於所有宗教信仰。因此當社會主義勝利

時，即信念實現的那一刻，它的力量也將不再增長。正是基於這一點，它雖然和以前所有的宗教一樣，最初帶來的是一種毀滅性影響，未來卻無法發揮創造性作用。

易變的群體意見
（受機遇擺布的玩偶）

我們已經證明堅定的信念具有強大的力量，在這些信念深層特徵的表面之上，還存在著一些不斷生生滅滅的意見、觀點和思想。它們有的壽命只有一天，即使是其中的長壽者，其生命週期也長不過一個時代。這種意見的變化常常受到種族因素的影響，所以有時只是表面現象。

在考察法國政治制度時，我們指出，雖然表面上看來，各政黨極為不同，如保皇派、激進派、帝國主義者和社會主義者，但是深層上，他們有著絕對統一的理想，而且這個理想完全是由法國民族精神結構決定的。因此在其他民族中，我們會發現相同的名稱下存在著完全對立的理想。

針對同一意見，無論是重新為其命名，還是改變其用法，都不會改變事物的本質。法國大革命時期的人們深受拉丁文化的薰陶，他們的視線始終沒有離開羅馬共和國。羅馬的法律、權標、法袍都成了他們採用的對象，但是由於他們處在具有強大歷史意義影響的帝國統治之下，他們不會成為羅馬人。哲學

家的任務就是在這些紛繁變化的表面之下，挖掘出古老的信念延續下去的原因，找出在不斷變化的意見中受普世信念與種族特徵影響的因素。

如果我們不做哲學方面的檢驗，就會進入這樣的誤區：群體常常可以隨意轉變自己的政治或宗教信仰。因為歷史為我們提供的經驗似乎全都證明了這一觀點，無論是政治的、宗教的還是文學的。

為了證明以上觀點，讓我們用一七九〇至一八二〇這短短三十年的法國歷史作為例證，這正好是一代人的時間。

在這段時間裡，我們看到群體從最初的君主制支持者轉變成激進的革命者，接著轉而又支持帝國主義，最後再度支持君主制。在宗教方面，他們從天主教的虔誠教徒轉變成無神論者，然後又變成自然神論者，最後又回歸為最虔誠的天主教徒。這些轉變不僅發生在群體之中，還發生在他們的領袖身上。我們驚奇地發現，國民公會中某些權要、國王的死敵以及那些不信神靈也從不尊敬領袖的人，竟然心甘情願淪為拿破崙謙卑的僕人，之後他們又在路易十八統治下，虔誠地手持蠟燭行走在宗教隊伍之中。

在之後的半個多世紀裡，群體的意見又發生了多次變更。十九世紀初，「背信棄義的英國貴族」與拿破崙繼承者統治下的法國結為盟友；曾兩度受到法國入侵的俄國也成了法國的朋友，並在一邊幸災樂禍地看著法國倒退。

文學上、藝術上以及哲學上的觀點變化地更加迅速。浪漫主義、自然主義以及神秘主義等理論輪番登場。今天還受人追捧的藝術家、作家，明天就被視如敝屣。

　　在我們分析了所有這些表面變化後，我們驚奇地發現所有與普世信念和種族情感相悖的觀點都沒有廣闊的生存空間，它們會很快重新回歸主流。

　　凡是與普世信念或種族情感無任何聯繫的觀點都是易變的，是受機遇擺布的玩偶，或許應該這麼說，會隨周圍環境的變化而改變。受暗示與傳染影響形成的觀點總是短暫的，它們短暫出現與迅速消失的命運就像沙灘上受海風主宰的一座座沙丘。

　　目前，群體易變的意見比以往任何時候都多，主要有三個原因。

　　首先，當以往的信念逐漸失去力量時，它們便無法再像以前那樣形成當時短暫的意見。普世信念的衰弱為一批既無歷史也無未來的偶然意見掃清了道路。

　　其次，群體力量與日俱增，能與之抗衡的力量越來越少。因此群體意見的易變性得以無拘無束地表現出來。

　　第三，由於近來報業的發展，完全對立的觀點開始源源不斷地出現在群體面前。一個觀點產生的暗示作用，很快會被另一對立觀點的暗示作用抵消。因此沒有一種觀點能夠得到普及，全部都轉瞬即逝。如今，一種觀點在被廣泛接受之前就已

消失不見。

　　在世界進程中，這些不同的原因造成了這種全新的現象，它是這個時代最顯著的特徵，當然，我想暗示的是政府引導輿論的無能。

　　過去，即不久之前，政府措施、少數作家和幾家報紙的影響力就可以真實地反映公眾輿論。而如今，不僅作家失去了所有影響力，報紙也成為了意見的傳聲筒。至於政治家，引導輿論對於他們而言比登天還難，他們唯一能做的就是作為輿論最忠實的追隨者。他們害怕輿論，甚至到了恐懼的程度，因而他們常常變換行動路線。

　　於是，群體的意見對於政治發展的方向有越來越重要的作用，它可以促使國家結盟，如之前的法俄結盟就完全是一場大眾運動的產物。目前，我們發現一種奇怪的徵兆，教皇、國王和君主們特別樂意接受採訪，因為他們將這種方式視作民眾考察自己對某一問題看法的途徑。過去說政治不可受情感影響，或許還算正確。可是今天，當政治越來越受到善變的、不受理性影響只受情感支配的群體衝動的影響，我們還能這麼說嗎？

　　至於曾經引導輿論的新聞媒體，已經和政府一樣在群體力量面前屈尊俯就。即使是這樣，媒體依舊具有很強大的影響力，因為它們是群體紛繁的意見及其不斷變化發展的記錄者。

　　作為只提供資訊的部門，新聞媒體從不給人們的思想強加某種觀念或學說。為了能夠在同行的競爭中獲勝，留住讀者

群，它們還不得不緊隨大眾思想的變化潮流。

過去以嚴肅著稱的報紙，如《憲法報》（*the Constitutionnel*）、《論壇報》（*the Debats*）、《世紀報》（*the Siecle*），被上一代人視為智慧的傳播者，如今它們要不是銷聲匿跡，要不就是轉型成為典型的現代報，最具價值的新聞被包裹在各類消遣文章、社會八卦和金融吹噓之中。

今天即使一家資金充足的報紙也不可能讓其撰稿人發表自己的觀點，因為讀者需要的是各種消息或一些消遣娛樂，對毫無根據的猜測做出的所有斷言一概表示懷疑，因此這些觀點之於讀者沒有任何價值。即使是評論家也不再敢信誓旦旦地說某本書或某個劇本一定會成功。他們能做的只有惡言中傷，卻幫不了忙。

各家報紙都清醒地意識到評論與個人觀點毫無價值，它們現在已經禁止發表文學評論，僅列出書名，附上兩三句「鼓吹之詞」。在未來的二十年裡，戲劇評論可能也會遭遇同樣的境遇。

今日，密切跟蹤觀點變化的過程已經成為新聞媒介和政府的首要任務。它們需要持續了解一個事件、一項法案或一次演說帶來的影響。完成這項任務並不容易，因為沒有什麼比群體的思想更加多變。如今，群體對他們昨天還推崇的事物轉而深惡痛絕的現象變得極為頻繁。

完全沒有任何輿論引導，同時加上普世信念的消失，最終

導致每種信念都存在著極端的分歧，使群體對一切不明確觸動他們直接利益的事物越來越冷漠。對於像社會主義之類的學說而言，它們的問題是只能在非文化階層中找到擁護者，如礦山或工廠裡的工人，這些人一個個吹噓自己對這種信仰多麼真誠、多麼堅定。中產階級的下層成員以及受過一些教育的工人，不是變成了徹底的懷疑論者就是變得極端的善變。

近二十五年來，這一方向的轉變引人注目。在此之前的那個時期，儘管與我們相距不是很遠，人們的觀點仍具有某種整體趨勢，因為他們都擁有某些基本信念。僅憑某人是君主制擁護者，我們就可以推斷他必然擁有某些明確的歷史和科學觀點；同樣僅憑某人是共和主義者，便可以推斷他有著完全相反的觀點。

君主制擁護者十分清楚人類不是由猴子進化而來的，共和主義者則十分清楚人類就是由猴子變的。談到大革命時，君主制擁護者應當心生恐懼，共和主義者應當充滿崇敬。說到羅伯斯比爾和馬拉（Marat）這樣的名字，語氣中一定會帶有一種宗教式的虔誠，還有如凱撒、奧古斯都或拿破崙這樣的名字一說出口，一定會伴隨一陣猛烈的抨擊。甚至法國索邦神學院，也普遍存在這種簡單認識歷史的方式。

如今，由於受到議論與分析，所有意見都失去了它們原有的聲望。它們的顯著特徵快速消失，以至於沒有辦法喚醒我們的熱情。現代人開始越來越被冷漠侵蝕。

對於意見的整體衰退，我們不必過於悲嘆。這是一個不可爭辯的事實，是民族生命衰落的徵兆。但是不可否認的是，與那些事事否定、批判的人或麻木不仁的人相比，偉人、具備超凡洞察力的人、傳道者以及群體領袖，總之是真誠且信念堅定的人會發揮更大的作用。

但是不要忘記一點，如今群體具有強大的力量，一旦某個觀點贏得足夠的聲望而被廣泛接受，它就會有一種讓所有事情屈服的專制力，那麼一切討論將被長期禁錮。有時，群體是性情溫和的主人，像是黑利奧阿加巴盧斯（Heliogabalus）和提比略，但是他們時常又表現得變幻莫測。當一種文明受到群體控制時，它會因為受到太多因素影響而無法長久持續下去。如果有什麼可以推遲這種文明的滅亡，那就是群體意見的極端易變性和他們對一切普世信念的無視。

第9章

群體分類

本書中，我們已經勾勒出群體心理的一般特點。以下我們把注意力轉向群體各自獨有的特點。不同類型的一群人在適當刺激下變為群體時，除一般特徵外，會產生一些各自獨有的特點。首先我們簡單說說群體分類。

我們先從簡單人群說起。當人群由來自不同種族的個體組成時，這便形成了最初級的形態。在這種情況下，唯一形成團結的共同紐帶是意志力，換句話說就是領袖受尊敬的程度。這類人群的典型例證可以援引幾百年來不斷入侵羅馬帝國、來源極其複雜的野蠻人。

與上述這些由不同種族個體構成的簡單人群相比，那些在某些影響下獲得共同特徵並最終形成種族的人群更為高級。有時他們表現出群體特徵，但這些特徵總是或多或少地受種族因素影響。

在本書論述過的某些因素影響下，這兩類人群都可以變為組織化群體或心理群體。我們將組織化群體分為以下兩類：

A·異質群體

1. 無身分、無名位群體（如街頭群體）

2. 有身分、有名位群體（如陪審團、議會）

B·同質群體

1. 派別群體（如政治派別、宗教派別）

2. 身分團體（如軍人、僧侶和工人）

3. 階級群體（如中產階級、農民階級）

我們將簡要說明這些不同類型群體各自與眾不同的特徵。

異質群體

本書一直在研究這類群體特徵。他們是由特點、職業和智力水準各不相同的個體組成的。

我們發現當群體成員參與某項行動時，他們的集體心理與個體心理有著本質的差異，這種差異會影響他們的智力水準。我們已經知道智力對群體不起作用，他們只受無意識情感的支配。

一個基本因素即種族因素，使完全不同的各類異質群體的存在成為可能。

我們常常談到種族因素的作用並指出它是決定人類行為方

式最強大的因素之一。不僅如此，我們發現它同樣影響群體特徵。由個體偶然聚成的群體，如他們可以全是不列顛人或中國人，與由同一類型的個體卻來自不同種族如俄國、法國或西班牙組成的群體相比，兩者會有很大的不同。

　　一個群體由包含了各種環境條件並且由來自不同民族但比例相近的個體組成時，雖然十分罕見，但是這種情況一旦出現，他們天生的心理結構所賦予的情感和思維模式的極大差異會立刻凸顯出來，不論表面上使他們走到一起的利益有多麼一致。

　　社會主義者試圖利用召集各國工人階級代表參與會議的形式將他們集合在一起，但是，最終卻以公開的衝突分道揚鑣。無論是革命的還是保守的拉丁民族，為了實現自己的要求，總會借助國家力量。他們會十分明顯地表現出對中央集權的明顯傾向以及對獨裁統治或明或暗的支持。相反地，英國人和美國人只依賴自己的主動性，根本不理會國家的作用。法國人重視平等，英國人重視自由。種族間的這些差異說明了有多少民族幾乎就有多少種不同形式的社會主義和民主。

　　因此，種族特徵對群體性格起著至關重要的作用。它的力量很強大，能夠決定群體性格的變化。因此，我們可以將「種族精神越強大，群體的次要特徵越不明顯」視為一條基本定律。群體的狀態和控制群體的力量類似於野蠻狀態，或是這種狀態的回歸。

由於種族獲得了一種穩固的群體精神，使它能夠越來越大程度地擺脫群體盲從的影響，走出野蠻狀態。除了種族因素，異質群體唯一重要的分類就是將其分為無身分、無名位群體和有身分、有名位群體；無身分、無名位群體如街頭群體，有身分、有名位群體如議會和陪審團。無身分、無名位群體缺乏責任感，而有身分、有名位群體則恰恰相反，具有很強責任感，這種差異感常常使他們的行為極為不同。

同質群體（共同信仰的結合體）

同質群體包括：1）派別群體；2）身分團體；3）階級群體。

派別群體是同質群體組織化過程的第一步。派別中的成員可以有不同的教育背景，可以來自不同的行業和階級，但是共同的信仰將他們緊密地聯繫在一起。宗教和政治派別就是典型的例子。

身分團體是組織化群體中組織化程度最高的群體類型。派別中的成員來自各行各業，教育程度與所處社會環境各不相同，他們僅憑共同的信念走到一起，而身分團體的成員來自同一行業，因此他們的教育程度和社會地位很近似，如軍人和僧侶。

階級群體的來源與以上兩種群體相比之下有很大的區別，

成員們既不是因為擁有共同的信念，也不是因為擁有共同的職業，而是因為幾乎相同的利益、生活習慣和教育經歷。例如中產階級和農民階級。

　　本書只對異質群體進行研究，同質群體（派別、身分團體和階級）的研究將在另一本書中進行，對此我不再多做論述。下面在考察幾種典型群體後，我將對異質群體的研究做出總結。

第10章

犯罪群體
（受無意識支配的劊子手）

無意識的行凶者

興奮之後，群體會進入一種完全無意識的狀態，這時他們只受暗示影響，因此無論怎樣，他們很難稱得上是犯罪群體。我只能暫時保留這一錯誤的定性結論，因為最近的心理學研究使這個觀點變得十分流行。如果就行為本身而言，群體的某些行為確實是犯罪。這樣的犯罪行為如同一隻老虎只圖一時好玩，讓其幼崽將一個印度人撕裂後再把他吃掉一樣。

犯罪群體的動機通常來自於強烈的暗示，參與此類犯罪行為的個體事後都深信，他們這麼做是盡忠職守，這遠非一般意義上的犯罪。

群體犯罪的歷史說明了一切。

巴士底獄監獄長德・勞奈（de Launay）的遇害可以被看

作是群體犯罪的典型案例。當巴士底獄被攻占後，監獄長德·勞奈被一批群情激昂的人團團圍住並遭到來自四面八方的拳打腳踢。

有人建議將他絞死，砍下他的頭，將屍體拖在馬後遊街。在自我保護的過程中，德·勞奈無意踢到了在場的某個人。於是，又有人提議讓那個被踢到的人割斷監獄長的喉嚨，這個建議立刻得到在場所有人的贊同。

「他是個失業廚師，無聊的好奇心使他來到巴士底獄，想看看這裡究竟發生了什麼。因為大家都這麼認為，他也認為這是一種愛國行為，甚至覺得自己應該得到一枚勳章，獎勵自己手刃惡魔。他拿著一把借來的刀對著裸露的脖子下手，但是刀有點鈍，怎麼都割不動，於是他從兜裡掏出一把黑柄小刀（作過廚師，應該對切肉很在行），成功地完成了任務。」

在這個例子中，我們可以清楚地看到暗示的作用方式。我們聽從的暗示由於源於群體所以顯得更為強大。行凶者認為自己的行為非常值得稱讚，他的這種想法因為得到同伴的一致認可而顯得更加理所當然。這種行為在法律上屬於犯罪，但從心理上看來卻不是犯罪。

與我們之前探討過的所有群體特徵完全一樣，犯罪群體的一般特徵也表現為易受暗示、輕信、善變、情感誇張以及表現出某種道德等等。

瘋狂的大屠殺

我們發現，法國有史以來留下最兇殘記錄的群體，即參與「九月慘案」的人們。在他們身上群體的所有特徵暴露無遺。實際上，他們與製造「聖巴薩羅繆慘案」（編按：一五七二年發生的一場兩千多人喪生的大屠殺，時值宗教戰爭）的人們十分相似。泰納根據當時的文獻資料做過有關「九月慘案」的描述，我將引用其中的部分細節：

沒有人確切知道是誰下令或建議以屠殺監獄裡的犯人的方式來清空監獄。不論是丹東還是其他什麼人，都已經不重要。我們感興趣的是被指控謀殺的群體受到的強烈暗示作用。

這個犯罪群體約有三百餘人，是個完全典型的異質群體。除了少數職業流氓外，主要是一些店主和各行各業的工匠，如靴匠、鎖匠、理髮師、磚瓦匠、店員和信差。受到暗示後，就像上面提到的廚師一樣，他們完全相信自己是在完成一項愛國主義使命。他們擠進一間辦公室後，立刻化身為法官並執行死刑命令，在這個過程中，他們絲毫沒有意識到自己是在犯罪。

他們接到暗示之後深信自己肩負的是神聖而重要的使命，於是開始著手搭建一座特別法庭，同時表現出群體簡單且低級的正義感。考慮到被告人數眾多，他們決定將貴族、神父、官員和皇室成員，即那些在愛國者眼裡僅憑職業就被認定有罪的人全部處死，他們認為沒有必要一個個予以審判。對於其他

人，他們根據這些人的外部特徵和聲望進行判決。

經由這樣的方式，群體低級的良知得到滿足。現在可以合法地進行屠殺了，兇殘的天性得到自由釋放。這種本能的起源我之前說過，群體總能將這種本能發揮到極致。通常，群體的這些本能不妨礙他們表現出其他相反的情感，如他們柔軟的心腸常常與他們的兇狠殘暴一樣極端。「他們對巴黎工人懷著友善的同情和適時的情感。在阿巴耶，在那夥人中當有人得知犯人已經斷水二十六小時後，一心想把獄警打死，要不是犯人們求情，他真的會這麼做。當臨時法庭宣告一名犯人無罪時，在場所有的人包括警衛和劊子手全都萬分激動地與他擁抱並瘋狂地鼓掌。」

之後，大屠殺的序幕再一次被拉開。在這個過程中，歡快的氣氛從未停止。在屍體邊，到處都是手舞足蹈的人；處死貴族時，女士們坐在「女士專屬」的長凳上心懷喜悅地見證這一時刻的到來。此外，這種公開表演一直被賦予一種特殊的正義感。

阿巴耶的一名劊子手抱怨道，因為女士們離看臺太近了，所以當場可以享受手刃貴族快感的人太少，應該確保觀看的公平性；於是，他們決定讓受害者在行刑之前緩慢地經過兩排劊子手，而劊子手們則盡職盡責地用刀背行刑，為的只是延長受害者痛苦的時間。在福斯監獄，受害者被扒得精光後，施以半小時的「凌遲」極刑，當在場的每個人都看夠了，才將他們一

刀剖腹。

劊子手當然也會心有不安並表現出一種道德感，之前我們提過群體的這種道德。他們拒絕占有受害者的錢財和珠寶，把它們放在委員會的桌上。

群體心理特徵——低級的邏輯推理常常可以在他們的所有行為中看到。因此，在屠殺了民族的一千兩百到一千五百個敵人之後，有人提議將監獄裡關押著的老弱病殘、兒童以及流浪漢統統殺掉，因為這些人都是社會的多餘人。這個建議一提出即被採納。

當然，他們中間肯定也有人民的敵人，如一個曾經投毒殺死老公的寡婦德拉盧（Delarue），「她一定對蹲監獄十分惱火，如果她有機會一定會一把火燒了巴黎；她一定這麼說過，她是這麼說過。乾脆殺死她算了。」這種推論似乎很有說服力，於是監獄裡的囚犯一律被處死了，其中的五十名十二至十七歲的兒童也不能倖免於難，他們當然也成了國家的敵人，因此顯然會被除掉。

一週的忙碌接近尾聲時，所有的殺戮即將終了，劊子手可以好好休息了。他們深信自己為祖國立了大功，前往政府要求領賞。極端狂熱的人甚至要求授予其獎章。

一八七一年巴黎公社的經歷也為人們提供了一些類似的事例。由於群體勢力不斷增長，權力組織在他們面前連連失利，我們一定還會看到許多諸如此類的事件。

第 11 章
刑事陪審團
（比法官更具人情味的刑事群體）

「弱智」群體

　　由於無法在此對所有類型的陪審團一一進行研究，因此我將對其中最重要的，即法國刑事法庭陪審團展開研究。這些陪審團是異質群體的著名絕佳案例。我們會發現他們表現出易受暗示且缺乏邏輯的特點；當他們受群體領袖影響時，主要是他們的無意識情感在起作用。在研究過程中，我們碰到一些有趣的案例，其中不懂群體心理的人會犯下一些錯誤。

　　首先，當群體成員做出某項決定時，其智力水準無關緊要，在這方面陪審團正是如此。我們已經知道，當審議大會對某個非完全技術性的問題發表意見時，智力毫無用處。例如在一般性問題上，一群科學家或藝術家僅僅因為形成了團體，便無法做出明智的判斷，與磚瓦匠或雜貨商做出的判斷沒什麼區

別。在不同時期，尤其是一八四八年以前，法國政府對陪審團組成人員的篩選把關極嚴，陪審員都是從知識階層中挑選，如教授、官員、文人。而如今，陪審員多來自小商人、小資本家和雇員群體。然而，令專家百思不得其解的是，無論組成陪審團的是什麼人，他們所做的判決都是一樣的。甚至那些敵視陪審團制度的地方官，也不得不承認這個事實。刑事法庭前庭長貝拉·德·格拉熱（Berard des Glajeux）在他的回憶錄中，對這一問題發表了如下看法：

「今天的陪審員選擇權實際上由市議員操控，他們根據各自的政治和選舉需求選拔或淘汰候選人……被選中的陪審員大多數是商人（他們的地位已經今非昔比），或是政府部門的從業人員。一旦法官開始審理案件，他們的觀點和職業便毫無意義。許多陪審員懷著新人的熱情和最良好的意願將自己放在謙卑的地位，陪審團精神依舊：判決不變。」

在這段描述裡，我們要牢記於心的是貝拉·德·格拉熱的結論，而不是毫無說服力的解釋。我們不必訝異於這種解釋，因為律師通常和法官一樣，對群體心理一無所知，更不要說陪審團了。從作者引用的一個事實中我發現了一個證據。他說，刑事法庭最傑出的出庭律師拉肖（Lachaud）先生，想方設法地反對聰明的陪審員出現在陪審團人員名單上。然而最終，經驗讓我們知道這些反對完全是無用的。今天的公訴人、出庭律師，甚至巴黎律師席上的那些律師都放棄了他們反對陪審員的

權力，足以證明反對陪審員是無用的。正如德·格拉熱所述，裁決依舊不變，「結果不會更好，也差不到哪兒去。」

他們同樣是情感的奴隸

和群體一樣，論證對陪審團的作用微乎其微，情感因素卻深深地影響著他們。一位出庭律師說：「他們受不了面對一位哺育嬰兒的母親或孤兒。」德·格拉熱說：「一個婦女要想贏得陪審團的支持，只要長著一副悅人的容貌就夠了。」

陪審團對那些自己可能受到危害的罪行毫不手軟，而且這類罪行對社會危害最大。而對那些出於情感因素造成的違法案件，陪審團便心慈手軟起來。對未婚先孕的殺嬰母親，對用硫酸潑誘姦或拋棄自己男人的年輕女性，他們很少十分嚴苛。他們本能地覺得社會依舊照常運轉，這類犯罪對社會的威脅不大；而且當一個不受國家法律保護被人拋棄的女孩為自己報仇時，這種行為非但無害反而有益，因為她可以事先恐嚇那些潛在的感情騙子。

陪審團和群體一樣，深受聲望的影響。德·格拉熱十分正確地指出，陪審團的構成雖然十分民主，但他們在好惡傾向上卻十分貴族化：「頭銜、出身、財富、聲望以及名律師的助陣，總之一切富有聲望或能給被告增光的事情，對他都極為有利」。

一名出色的律師，他的工作重心應該是如何影響陪審團的情感，和對付群體的方法一樣，適時的說理但不要多，或者只採用最低級的推理方式。在刑事法庭上贏得多場官司的英國大律師，詳細列出以下應當遵循的辯護準則：

　　「辯護時，他會留心觀察陪審團的反應，最有利的機會隨手可觸。律師憑藉自己的判斷和經驗，從陪審員不同的面部表情中猜測每句話的效果，最終得出自己的結論。他第一步要做的是，確認哪名陪審團成員已經贊同他的辯護理由，贏得他們的支援不需要費很多功夫。之後他會將注意力轉向那些心懷惡意的人，努力找出他們敵視被告的原因，這是最棘手的一部分。因為除了出於正義感外，判一個人有罪可以有無數理由。」

　　這些話重構了辯護技巧的全部要領，也讓我們明白了事先準備的演說總是收效甚微的原因——必須根據演說所產生的不同反應隨時改變措辭。

　　辯護者不必使每個陪審員都贊同他的觀點，他只需贏得那個影響普遍意見的領袖人物的支持即可。和群體一樣，陪審團中同樣存在著領導其他人的少數人物。上述英國大律師說：「通過經驗我發現，一兩個有影響力的人就足以使其他陪審員跟著走。」藉由巧妙的暗示，我們只需贏得這一兩個人的信任。首先，我們必須取悅他們。如果我們已成功贏得群體中某個人的好感，那麼這個人即將被我們說服。這時無論提供什麼證據，他都可能十分信服地接受。關於這一點我從拉肖的記述

中摘錄一段趣聞，以示啟發：

「大家已經知道，在刑事案件庭審時，拉肖每次辯護的視線決不離開那兩三個他知道或感到有影響力卻態度頑固的陪審員。通常，他都能成功贏取這些頑固陪審員的支持。然而一次在外地為了說服一個陪審員，他不得不運用最狡黠的辯護技巧，進行了長達四十五分鐘的辯護，可是此人仍然無動於衷。他是坐在第二排第一個的七號陪審員。這種情況令人十分沮喪。突然，在激情陳述的過程中，拉肖停頓了片刻，向審判長說：『閣下能否下令將前面的窗簾放下？七號陪審員已經被陽光刺得睜不開眼了。』那位陪審員紅著臉，朝他微笑表示謝意。就這樣，他被爭取到辯方這邊了。」

他們是「犯罪群體」的保護傘

近來，許多作家開展了一場強烈的反陪審團制度運動，其中包括一些最知名的作家。然而面對一個無法控制的團體不斷犯下的錯誤，這種制度是保護我們免受其害的唯一辦法。

有些作家主張陪審員只能產生於知識階層，但是我們已經證實，即使這樣做了，他們依然會做出與現行陪審制度相同的判決結果。另一些作家公開指出陪審團所犯的錯誤，希望能夠將其廢除並讓法官取而代之。讓人費解的是，這些自稱自許的改革家怎麼忘了，陪審團犯的錯首先應歸咎於法官。當被告被

帶到陪審團面前時，他已經被一些法官、督察官、公訴人和初審法庭認定有罪了。因此很明顯，如果是法官而非陪審團對被告做出判決，他會失去最後找回清白的機會。因此，陪審團的錯誤常常先是法官的錯誤。

當特別嚴重的審判錯誤發生時，唯一應該指責的是法官。例如最近對 L 醫生的定罪就是如此。一個半癡呆的女孩指控 L 醫生為了三十法郎，給她做了非法手術。而一個糊塗透頂的督察官僅憑這個女孩的告發就對 L 醫生提出起訴。要不是觸犯眾怒，使最高法院院長立刻將 L 醫生釋放，他一定會被勞役拘禁。這個被宣告有罪的人終於得到了同鄉的認可，使這樁錯案的無理性暴露於眾目睽睽之下。

這些地方法官自己也承認這位醫生是無辜的，然而出於身分因素考慮，他們仍竭力阻止赦免令的簽署。在所有類似案件中，陪審團遇到無法理解的技術問題時，自然會傾聽公訴人的陳述，因為他們認為，這些善於剖析最錯綜複雜案情的法官已經對案件進行了調查。

那麼，誰是製造錯誤的真正元兇，陪審團還是法官？我們應極力維護陪審團制度。因為它可能是唯一一種不能由任何特徵取代的群體類型。只有它才能使嚴酷的法律易於接受，這種法律中人人平等，而且原則上不允許任何特殊情況發生。冷酷無情，只遵循法律條文的規定，在對待入室劫殺者和受誘騙者拋棄而殺嬰的不幸貧窮少女時，法官這種嚴厲的職業習慣會使

他們做出同樣的懲罰裁決。然而陪審團則本能地認為與誘騙者相比，受騙少女的罪過要小得多，即使誘騙者沒有觸犯法律。因此她理應得到寬待。

在熟悉了身分團體心理，以及其他各類群體心理之後，我不再認為一件受到錯誤指控的犯罪案件，應該去和法官交涉而不是陪審團。陪審團那裡應該還能找回清白，而法官那裡卻絲毫不可能得到承認。群體力量使人生畏，而某些身分團體則更甚之。

群體易說服，身分團體卻不是。

第 12 章

選民群體
（政治機器的傑出作品）

「迎合」是候選人獲勝的基石

選民群體，即有權選舉某人擔任官職的集體，屬於異質群體。但是由於他們的行為僅限於一件明確規定的事情上，即在候選人中做出選擇，所以他們只具備少數前面說到的特徵。在群體特徵中，他們尤其表現出推理能力弱、缺乏批判精神、易怒、輕信且頭腦簡單的特點。此外，他們的決定同樣受到群體領袖以及斷言、重複、聲望、傳染這些我們之前列舉過的因素影響。

以下我們看看說服選民群體的方法。通過最有效的方法可以輕易發現他們的心理特徵。

首要一點，候選人應該享有聲望。而財富是能夠取代個人聲望的唯一因素。才能甚至天賦都不是十分重要的成功要素。

另外十分重要的一點是，享有聲望的候選人必須能夠讓自己被選民毫無爭議地接受。大多數選民是工人或農民，而他們的同行通常在他們眼中很少能產生威望，所以他們很少選擇自己的同類代表自己。即使，他們偶爾會選出同伴，通常都是出於某些次要原因。例如故意與選民平時依賴的某個大人物或有權勢的雇主作對，因為透過這種方式，他們能產生一時成為其主人的快感。

　　因此，候選人要想確保選舉萬無一失，僅憑聲望還不夠。選民尤其看重候選人表現出來的抱負和信心。所以他們必須用最誇張的方式哄騙選民，毫不猶豫地向他們做出天馬行空的承諾。

　　如果選民是工人，無論用多惡毒的語言侮辱和蔑視雇主都是一點也不過分的。至於競爭對手，候選人必須藉由斷言、重複和相互傳染的方法讓人們覺得他是個十足的混蛋，其罪行已眾人皆知。當然，為任何證據的表象費神是無用的。對手如果不熟悉群體心理，他會以各種論證來證明自己的觀點，而不是只用斷言對付斷言，因此他將毫無勝算可言。

　　候選者的書面綱領不要過於絕對，因為這可能會被對手利用，從而得到反駁的機會，而口頭綱領，再怎麼高談闊論都不為過。不必害怕承諾要進行最重大的改革。一旦做出承諾，這種誇大其詞的說法會帶來巨大影響，並對未來毫無約束力。因為這需要選民經常性的持久觀察，而他們絕不願意為此費心，

他們不在乎自己支持的候選人貫徹其競選綱領到了什麼程度，這場選舉卻會憑藉這個競選綱領獲勝。

在上述情況中，我們可以看到所有之前討論過的說服因素。我們曾強調話語和措辭的神奇支配力，在它們發揮作用的時候，我們能再次看到這些說服因素。一個懂得如何運用說服手段的演說者，可以讓群體做任何他想做的事。即使是那些已經被用爛了的表達方式，例如不義之財、無恥的剝削者、可敬的工人、財富社會化，也永遠不會失去其巨大的效力。

此外，候選人想出的一套意義極其空洞的新詞，如果能夠迎合各種不同的需求，也必然會幫助他獲勝。一八七三年，西班牙爆發的那場血腥革命就是因為一個晦澀難懂、每個人有著各自理解的詞語引起的。當時的一位作家描述了這個詞語的出現，值得在此引述：

激進派已經發現極權制共和國其實是偽裝的君主國，為了迎合激進派，全體議會正式宣布成立一個聯邦共和國，雖然沒有人知道自己投票贊成的是什麼。但是這種說法讓人皆大歡喜，這種喜悅讓人激動不已。

充滿美德和幸福的時代已經到來。如果共和主義者的對手拒絕承認其聯邦主義者的稱號，他會覺得自己受到了致命的侮辱。街上的人們以「聯邦共和國萬歲！」互致問候。隨後頌揚四起，對軍隊沒有紀律這種難以理解的優點以及士兵自治進行歌頌。

什麼是「聯邦共和國」？有些人認為這種制度意味著各省的解放，與美國聯邦制及行政分權制十分相似。另一些人則認為它消滅了一切權力，加速了社會清算的進程。

巴賽隆納和安達魯西亞的社會主義者堅決維護公社至高無上的權力，為此，他們建議政府建立一萬個獨立自治區，制定各自獨立的法律，同時遏制員警和軍隊勢力的發展。南部各省的起義很快在城市、鄉村間蔓延開來。之後，第一個發表宣言的村莊發布公告，他們要破壞電報線和鐵路，切斷與鄰村和馬德里之間的所有聯繫方式。最悲慘的村莊註定繼續悲慘下去。聯邦制被州郡行政制取代，殺人放火無處不有，各種野蠻行徑、血腥狂歡在這片土地上鼓噪四起。

無休止的爭論戰

想要弄清邏輯推理對選民思想可能產生的影響，一定不要看有關選舉集會的報導。在這些集會中，選民們信口開河、抨擊對手，有時甚至拳腳相向，但絕不會有理性推論。如果出現片刻沉寂，那是因為某個號稱「硬漢」的傢伙當場宣稱自己要質問候選人，每每出現這種情況都會給觀眾帶來樂趣。然而反對派高興不了多久，因為提問者的聲音很快地就被對手的叫嚷淹沒。以下有關公眾集會的報導是從日報中許許多多類似的事例中選出來的，可作為典型事例：

集會組織者之一要求大會選舉一名主席，頓時全場騷動。無政府主義者縱身一躍上了會台，強暴地占領了會議桌。社會主義者激烈反抗；廝打開始了，每一方都指責對方是政府派來的奸細，諸如此類……一個眼眶被打青了的公民離開了會場。

在激烈的爭吵聲中，委員會最終使主席正式就職，發言權交給了 X 同志。

這位發言人開始猛烈抨擊社會主義者，而被抨擊者則用「白癡、惡棍、流氓」等叫喊打斷他的講話。面對這些攻擊，X 同志提出一種理論，即社會主義者是「白癡」或「小丑」。

昨晚，阿勒曼黨在福伯格宮大街的商會大廳組織了一次大會，為五一勞動節工人慶祝會做準備，大會的標語是「沉著冷靜」！

G 同志——暗指社會主義者是「白癡」和「小丑」。

所有的言語中充滿了相互抨擊的謾罵，演說者和聽眾扭成一團。桌子、椅子、板凳全都成了攻擊武器。

千萬不要以為這種爭論是堅定的選民群體特有的現象，並取決於他們的社會地位。在任何無名集會中，即使成員全部是受過高等教育的人，同樣會出現這種爭論。我前面指出當人們聚成群體時他們的智力水準會趨於一致，這種證據俯首皆是。下面是我引用的一八九五年二月十三日《時報》（*Le Temps*）上一段有關學生集會的報導：

隨著夜色蔓延，喧鬧聲有增無減。我相信沒有哪個演說者

可以不被打斷地說完一段話。叫嚷聲此起彼伏，或是全場突然轟鳴。掌聲、噓聲紛紛入耳，觀眾間的激烈爭論愈演愈烈，一些人揮舞著棍棒以示威脅，另一些人不斷地擊打地板，人們衝著打斷者叫喊道「把他拉出去！」或「讓他說！」

C先生滿嘴都是有關集會「可惡」「怯懦」「醜陋」「卑鄙」「腐敗」「報復」之類的話，他宣稱要將這些全部消滅。

你可能會問，在這種環境下，選民的意見如何才能達到統一呢？提出這樣的問題的人，肯定對群體的自主性有一種錯誤的認識。群體意見是別人強加的，他們從不敢誇口說自己的意見有多麼嚴謹縝密。在這一點上，選舉委員會控制了選民的意見和投票結果，通常委員會的領袖是一些政客，因為向工人提供信貸而具有很大的影響力。當今最勇敢的民主戰士之一的謝樂（Scherer）先生曾說：「你知道什麼是選舉委員會嗎？它是我們各項制度的基石，政治機器的一件傑作。今天的法國就是由選舉委員會控制的。」

只要候選人被選民認可並財力雄厚，對選民產生影響並非難事。候選者背後的財團承認，三百萬法郎足以確保布朗熱將軍再次參選成功。

這就是選民群體的心理特徵。與其他群體一樣，不會更好，也不會更差。

因此，根據以上內容，我沒有得出反對普選權的結論。如果讓我對它的存亡做出定論，出於某些實際原因，我將保留我

的觀點。事實上，這些實際原因是我們在研究群體心理時得出的。因此，我將對這些實際原因做進一步闡述。

群體權利擁有與宗教信仰一樣的力量

確實，普選權過於明顯的弱點使人們很難視而不見。無可否認，文明是少數智力非凡人類的產物，它構成了金字塔的頂點。隨著智力水準的降低，金字塔的各個層次不斷變寬，它們分別代表一個民族中不同的群體。成就一個文明的偉大，當然不是依靠低劣成員的人多勢眾。此外，群體選票往往十分危險。它們已經讓我們付出了數次遭受侵犯的代價，在群體正在為之奮鬥的社會主義即將勝利之際，難以預測的人民主權可能會讓我們付出更為沉重的代價。

然而，這些反對理由雖然在理論上顯得十分具有說服力，但是在現實中卻變得毫無作用。如果還記得當觀念變成信條後便有了不可戰勝的力量，你就會承認這一點。

從哲學觀點看，群體權力至上的信條和中世紀的宗教信條一樣經不起一絲爭論。但是現在它享有和昔日信條一樣的絕對力量，因此它就像我們過去的宗教信仰一樣不可撼動。試想一下，如果將一個現代自由思想家神奇般地送回到中世紀，當他發現盛行於當時的宗教信仰有著至高無上的權力時，你認為他會抨擊它們嗎？一旦落入某個想要將他送上火刑柱的法官之手

後，詆毀法官與魔鬼締結條約或參加了女巫的禱告活動都將成為被指控的理由，這時，他還會對魔鬼或禱告活動的真實性提出質疑嗎？

用討論的方式與颶風對抗和用討論的方式反駁群體信念一樣，明智不到哪去。如今，普選權擁有著過去基督教曾經擁有的力量。當演說者和作家談到它時流露出的敬意和諂媚，即使是路易十四也未曾享受過。因此對待普選權和所有宗教信條，我們應當採取同樣的立場。只有時間可以改變它們。

此外，試圖削弱這種信條影響力的努力更是無用，因為它具有一種完全能夠保護自己的外表。托克維爾（Tocqueville）正確地指出「在平等的時代裡，人們彼此相似，缺乏信仰。然而這一相似點使他們無限地信賴公眾的判斷。原因在於所有人不可能一樣聰明，真理往往掌握在少數人手裡。」

限制選舉權，即將選舉權限制在智力令人滿意的一類人中，這種做法會使投票結果有所改變嗎？當然不會，我之前曾指出，無論什麼人員構成的集體，他們的智力水準都一樣低下。在群體中，人們的智力水準總會趨於一致。在一般性問題上，四十名院士的投票結果不會比四十名提水者更高明。

我絲毫不認為專門讓有學問並受過教育的人作選民，其投票結果會與備受譴責的普選投票結果有多大的不同。例如在帝國重建這個問題上。一個人不會因為通曉希臘語或精通數學，或因為是建築師、獸醫、醫生或大律師，便獲得解決社會問題

的特殊智力。所有的政治家、經濟學家都受過高等教育，大部分是教授或學者，然而在貿易保護、金銀本位制等一般性問題上，他們有達成過一致意見嗎？原因在於，他們的學問只是我們普遍無知的弱化形式。在社會問題上，由於未知因素過多，人類是同樣的無知愚昧。

因此，全體選民如果全部由各學科的專家組成，他們的投票結果幾乎與現在的結果是一樣的。他們主要受各自的情感因素和黨派精神左右。我們現在苦於應付的難題還是一個也免不了。我們肯定會受到某種身分團體的專制統治。

無論是限制性選舉權還是普選權，無論是在共和制還是君主制統治下，也無論是在法國、比利時、希臘、葡萄牙還是西班牙，所有地方的結果都一樣，它們是種族無意識願望和需求的表現。在每個國家，當選者的一般意見體現了種族特徵，這種種族特徵世代相傳且不會發生顯著改變。

可見，我們又一次遇到種族這個基本概念，實際上我們之前經常碰到，由此我們產生了另一個結論，即制度和政府會對一個民族的生活產生作用，但這種作用不大。民族主要受種族特徵的支配，即受各種遺傳特質的支配，種族特徵正是這些遺傳特質的總和。種族因素和束縛我們的日常規律是決定我們命運的神秘主因。

第13章
議會
（文明民族的理想象徵）

議會制度是一切現代文明民族的理想

　　議會中有一個關於異質群體的例證。雖然不同時代、不同國家議員的選舉方式各異，但是他們具有極為相似的特徵。在此，種族因素不是弱化就是強化群體特徵，但不會妨礙其表現。在差異巨大的國家，如希臘、義大利、葡萄牙、西班牙、法國以及美國，他們的議會在辯論和選舉過程中呈現出極大的相似性，使他們各自的政府面臨同樣的難題。

　　此外，議會制是現代所有文明民族理想的象徵。這種制度反映出一種觀念，即在某個問題上，一大群人比一小群人更有可能做出明智而獨立的決定。雖然這種觀念從心理學角度看來是錯的，卻得到了人們的廣泛認同。

　　在議會中我們同樣可以發現群體的一般特徵：頭腦簡單、

易怒、易受暗示、情感誇張以及少數領袖的決定性作用。然而由於議會的特殊人員構成，他會表現出某些與眾不同的特點，我們就此簡要說明。

議會最主要的特徵之一是意見的簡單化。所有黨派，尤其是拉丁民族的黨派，無一例外的表現出群體以最簡單的萬能抽象原則和普遍法則解決最複雜的社會問題的傾向。當然每個黨派的原則都不相同，但是僅僅因為他們是群體的一部分，他們都會誇大各自原則的價值並將這種價值最大化。議會正是這種極端意見的代表。

議會意見的簡單化特徵在法國大革命時期雅各賓黨人的例子中體現得最為明顯。他們善於推理和用教條，腦子裡裝滿了各種模糊的空洞理念；他們不等狀況弄清楚便忙於實行各種死板的原則。談到他們，人們不無理由地認為他們經歷了法國大革命，卻沒有目睹革命的發生過程。

他們自以為憑藉一些十分簡單的指導性教條，就能夠將社會從頭到尾地改造一番，使高度發達的文明倒退到社會發展的初始階段。他們實現夢想的手段都標有「絕對簡單化」的統一印記。實際上他們只是在掃清前行的障礙。不論是吉倫特派（Girondins，編按：法國大革命時期信奉自由主義的中產階級派別）、山嶽派（La Montagne，編按：法國大革命時期立場極不堅定的「牆頭草」政黨）還是熱月派（Thermidorien，編按：推翻雅各賓政權的政變人士），他們都受到同一種精神的鼓舞。

議會是領袖操控群體的機器

如所有群體一樣，議會群體易受暗示，而且這種暗示是來自享有聲望的領袖。但是需要強調的是，議會群體的被暗示性具有明顯的界限。

在關於當地或本地利益的一切問題上，議會成員都持有各自堅定且難以改變的意見，再多的論證也無法撼動。例如在貿易保護或釀酒特權這類觸及權勢選民利益的問題上，即使憑藉古代希臘雄辯家德摩斯梯尼（Demosthenes）的才能也無法改變任何一位議員的投票。投票前選民發出的暗示足以壓倒其他任何要求取消的建議，從而維持了意見的絕對穩定性。

在一般性問題上，如推翻一屆內閣、徵收一項新稅，意見的穩定性不復存在，這時領袖意見開始發揮作用，雖然與在一般群體中的作用方式不太相同。每個政黨都有自己的領袖，有時他們勢力相當，結果是使某個議員常常處於兩種對立的意見之間，遲遲做不了決定。這解釋了我們為何經常看見他在短短的十五分鐘內做出相反的表決，或是為某項法規添加一條使其失效的條款。例如，在取消雇主選擇和解雇工人的權利後，又在修正案中宣布這項措施無效。

出於同樣的理由，每屆議會都有穩定的意見和易變的意見。大體上，議會中遲遲不決的現象多出現在許多一般性問題上。之所以遲遲不決是出於對選民的擔心，因為他們表現出的

暗示往往不易察覺，而且可能會抵消領袖的作用。

　　儘管如此，在許多辯論中，如果議會成員在主題上沒有強烈的先入為主的意見，辯論依然受領袖控制。

　　這些領袖的必要性顯而易見，因為他們以團體領袖的名義存在於每個國家的議會之中。他們是議會真正的主人。群體成員離不開這個主人，因此議會的表決結果通常只代表了少數人的意見。

　　領袖的影響力很少是透過他們的論證獲得的，很大程度上源於他們的聲望。最好的證明就是一旦他們因為什麼狀況失去聲望，他們的影響力便蕩然無存。

　　決定政治領袖聲望的因素往往不在於頭銜或名聲，而取決於個人。朱爾斯・西蒙（Jules Simon）為我們提供了一個有趣的案例，是他評論一八四八年國民議會裡的一些政要，那時他是議員之一。

　　「兩個月前，拿破崙無所不能，現在他只是個不值一提的傢伙。」

　　「維克托・雨果（Victor Hugo）登上講壇，但他沒有成功。雖然人們就像聽菲利克斯・皮阿（Felix Pyat）說話一樣聽著他的發言，但他卻沒有贏得同樣的掌聲。沃拉貝勒（Vaulabelle）和我談到菲利克斯・皮阿時說：『我不喜歡他的那些想法，不過他是法國最偉大的作家和演說家。』儘管愛德格・基內（Edgar Quinet）智力非凡，卻絲毫未受到人們的尊敬。議會召開前他

還算是有些聲望，但在議會裡他卻變得默默無聞。」

「沒有什麼地方比政治集會更無視才華橫溢的天才。他們只聽從在合適的時間、合適的地點發表的有利於政黨的滔滔大論，而不是為國家利益服務。讓他們對一八四八年的拉馬丁（Lamartine）和一八七一的梯也爾（Thiers）表示敬仰，需要緊迫且不可阻擋的利益刺激。一旦風險消失，議會立刻會將他們的感激和害怕拋到腦後。」

我引用上述幾段話，不是因為它提供的解釋，而是因為其中包含的事實——即他們的心理學知識——是多麼貧乏。一旦群體效忠於某個政黨或國家領袖，便立即喪失了自己的個性。服從領袖的群體受其聲望影響，而不受任何利益或感激之情的支配。

因此，享有足夠聲望的領袖往往具備掌握絕對權力的能力。一名眾議員因名聲顯赫而多年享有權勢，但最終卻因財政問題被推下臺，此事廣為人知。他只需做一個暗示，內閣便可以倒臺。有位作家在下面這段話中清楚指出了他的影響力：

「因為X先生，我們付出了三倍於我們本應對東京做出的努力；造成的後果是，我們在馬達加斯加的據點仍長期處於不穩定的狀況；我們在南尼日爾被騙走了一個帝國；我們在埃及的優勢地位不復存在。因X先生的理論，我們丟失的領土甚於拿破崙一世造成的災難。」

對於這種領袖，我們不必心存怨恨。的確，他讓我們付出

了沉重的代價，但是他的巨大影響力多來自於順應民意，因而在殖民事務上遠遠不及過去的水準。領袖很少能超越民意，他們所做的一切幾乎都是為了迎合民意，這樣一來其中所有的錯誤也一起得到了重視。

除領袖聲望外，我們這裡談到的領袖說服手段還包括之前多次強調的因素。領袖想要嫻熟地利用這些手段，必須對群體心理了然於心，至少要無意識地做到這一點；他還必須知道如何與群體交流。領袖尤其應該了解各種話語、措辭以及形象的神奇力量。他應該掌握一套特別的演說方式，包括沒有論證的有力斷言和伴以含糊推理的深刻形象。這是所有議會中常見的演說方式，即使最嚴肅的英國議會也不例外。

英國哲學家梅因（Maine）說：「從下議院的爭論中我們常常可以看到，整個爭論過程充滿了空洞無力的大話和激烈的人身攻擊。這種公式化語言對純粹民主的幻想有著巨大的作用。一般而言，群體很容易接受『駭人聽聞』的斷言，即使斷言從未被證實，也許也不會得到證實。」

這種「駭人聽聞」的重要性再怎麼強調也不為過。我們曾多次強調話語和措辭的特殊力量。它們必須藉由這種表達方式喚起人們腦海中生動的形象。下面這段來自一位議會領袖的演說很好地說明了這一點。

「這艘船將駛離這片熱疾肆虐的土地，這裡的監獄關押著名聲可疑的政客和反政府的殺人犯，他們可以互訴心事，視彼

此為同一社會環境中不可或缺的一部分。」

透過這種方式喚起的形象十分生動，演說者的所有對手都能感受到它的威脅。他們幻想出兩幅畫面，一片遭受熱疾肆虐的國土和一艘可以將他們載離的船隻。難道他們不會被當作是可疑的危險政客中的一員嗎？他們感到一種潛在的恐懼，就像當年羅伯斯比爾用斷頭臺進行威脅的含糊演說給國民公會的人造成的感覺一樣，在這種恐懼之下，他們一定會做出讓步。

最不切實際的誇大其詞總是對領袖很有幫助。我剛引用的那位演說者可以不激起強烈的反對做出如下斷言：「銀行家和神父資助投炸彈的人，因此大公司的董事應該受到與無政府主義者一樣的懲罰。」斷言對群體總是很奏效，無所謂太過激烈，聲明則無所謂過於駭人。沒有什麼能比這種演說方式更能恐嚇聽眾了。在場的人擔心，如果自己提出抗議，會被當作叛徒或幫凶。

正如我所說，這種特殊的演說方式在所有議會中一直有著絕對的影響力。危機當前，它的作用更加突出。從這個角度看，法國大革命時期那些著名的議會演說家的發言顯得十分有趣。他們每時每刻都覺得自己應該對罪惡嚴加譴責，對美德高聲歌頌，接著再大聲咒罵專制者，信誓旦旦地聲稱不自由毋寧死。在場所有的人站起來猛烈鼓掌，平靜之後各自坐回原位。

偶爾有些領袖智力非凡並受過良好教育，然而這些特質往往弊大於利。一個人藉由說明事情的複雜性，進行解釋進而加

深理解，他的智力往往使他變得包容，然而這在很大程度上削弱了信徒信仰所必需的強烈和粗暴。古往今來，尤其是法國大革命時期，所有偉大群體領袖的智力都狹隘得令人感到悲哀，但正是他們有限的智商發揮了最大的影響力。

最傑出領袖的演說，如羅伯斯比爾的演說，常常有著令人咋舌的自相矛盾。僅憑這些演說實在找不出任何理由解釋這位權傾朝野的獨裁者何以能夠發揮如此強大的作用。

「充滿陳詞濫調和一堆廢話的教導式演說，培養幼稚而非普通思想的拉丁文化，僅有些抨擊和對付小學生挑釁的辯護之詞。沒有思想、沒有令人愉悅的措辭變化或是一語中的的流行詞語，只有讓人生厭的瘋狂斷言。在經歷了這樣一次毫無樂趣的閱讀之後，你可能會與和藹的卡米爾・德穆蘭（Camille Desmoulins）一起大呼一聲『啊！』」。

有時一想到持有堅定信仰的極端狹隘的頭腦會賦予一個享有聲望的人怎樣的權力時，會讓人頓覺毛骨悚然。然而對於一個想要無視各種障礙，表現出極強意志的人來說，這些條件依然是必要的。群體本能地在充滿活力、信仰堅定的人中尋找他們需要的領袖。

議會演說的成功完全取決於演說者的聲望，與他如何論證推理毫無關係。這一點最好的證明就是，當一個人由於某種原因失去聲望時，他的影響力（即隨意操控表決結果的能力）也隨之消失。

當某個無名演說者自告奮勇要發表一場論證嚴謹的演說時，如果只有論證，恐怕他也只能讓別人聽聽而已。一位對心理學有著獨到見解的眾議員德索布（Desaubes）先生，最近對一位缺乏聲望的眾議員作了如下描述：

他走上講臺，從公事包裡拿出一份講稿，按部就班地攤在面前，胸有成竹地開始發言。

他言之鑿鑿地誇口要將讓自己激動不已的信仰傳遞給聽眾。他一而再、再而三地強調他的理由，提供充分的證據支援，他確信自己會征服觀眾。

面對他的引證，所有反駁都沒有用。他要開始發言了，對其合理推論他表現得自信滿滿，他相信同伴們會仔細聆聽，因為他們一心追求真理。

但是當他打算開口時，卻驚訝地發現議會現場的人們躁動不安，這讓他有點惱怒。

為什麼不能保持安靜？為什麼大家如此心不在焉？對於那些說話的人，議員們有什麼看法？是什麼急迫的原因讓議員紛紛離席？

一絲不安的神情掠過他的面龐。他皺了皺眉停下來。在議會主席的鼓勵下，他提高嗓音，再次進行發言。現在聽的人更少了。他加重語氣，配合各種手勢予以強調。周圍的吵聲越來越大，他開始連自己的聲音都聽不見了，於是他再次停下來。最終，因為擔心自己的沉默會引起「閉嘴！」這樣可怕的叫

喊，他又繼續發言了。此時喧嘩已變得難以忍受。

當議會激動的情緒達到一定程度，它會變得和普通異質群體一樣，情感總是十分極端。他們可能做出最英勇的行為，也可能做出窮兇極惡的事情。他們不再是他們自己，他們會做出與自身利益最不符的表決。

法國大革命的歷史向我們表明，議員們能夠多麼喪失自我意識，接受與自身利益完全對立的提案。對於貴族階級而言，放棄自己的特權是一項巨大的損失。然而在國民公會期間一個難忘的夜晚，他們毫不遲疑地這麼做了。

議員們放棄了自己神聖不可侵犯的權利，意味著他們將永遠籠罩在死亡的陰影之下。然而他們邁出了這一步，並毫無畏懼地在自己的階級中大開殺戮，雖然他們完全清楚，自己明天可能會得到與今天被他們送上斷頭臺的同志相同的下場。

他們所謂的真理完全處在一種無意識的狀態中。這種狀態在之前曾提到，任何因素都無法阻止他們接受那些受到催眠暗示的提案。關於這一點有下面這段話為證，它出自議會成員之一比勞・瓦雷納（Billaud-Varennes）的回憶錄。

「這個我們不斷譴責的決議，在兩天前甚至一天前還被我們排斥，最後竟然通過了。導致這種結果的是危機，不是其他什麼原因。」

在所有情緒激昂的國民議會中都能看到這種無意識作用的影響力。泰納說：「他們批准並下令頒布一些自己心存畏懼的

措施，這些措施不僅愚蠢透頂，簡直就是犯罪，對那些無辜的人以及他們的朋友都造成極大的傷害。

受到右派支持的左派，在一片熱烈的掌聲中，毫無異議地將丹東這個曾經的首領以及這場革命偉大的推動者和領袖送上了斷頭臺。同樣地，受到左派支持的右派，在一片熱烈的掌聲中一致表決通過了革命政府史上最惡劣的法令。

在熱情的讚美聲中，以及對科洛・德布瓦（Collot d'Herbois）、庫東（Couthon）、羅伯斯比爾的熱切肯定下，國會全體議員自發性地進行改選，將殺人成性的政府留在臺上。貧民派因其嗜血成性痛恨它，山嶽派因受到其斬盡殺絕憎恨它。可是最後，無論是貧民派還是山嶽派，多數派還是少數派，結果都落了個自取滅亡的下場。牧月二十二日，整個議會把自己交給了劊子手；熱月八日，在羅伯斯比爾演說完後的十五分中內，議會再次做了同樣的事情。」

這個場面看上去陰鬱昏暗，但也確實如此。議會一旦興奮恍惚到一定程度，就會呈現出同樣的特點。他們會變得善變而衝動。以下這段是有無可置疑的民主信仰的斯布勒爾（Spuller）議員對一八四八年議會的描述。我從《文學報》（La Revue Litteraire）上將這段十分具有代表性的描述轉引如下。它為之前所述群體特點的情感誇張以及使議會不斷地從一種態度轉向截然相反態度的極端易變性提供佐證。

「共和黨因其分裂、妒忌、多疑、盲目自信和癡心妄想走

向滅亡。它的簡單、公正只有其普遍懷疑的態度能與之相媲美。在缺乏法律意識、紀律觀念以及抱有無盡的恐懼和幻想方面，它與農民和兒童表現的特徵差不多。他們的冷靜與急躁不相上下，殘暴與溫順一樣極端。這種情況是由性格不成熟和缺乏教育導致的自然結果。沒有什麼能讓他們大驚小怪，可是每一件事都會使他們感到不安。他們既會害怕得發抖也會表現得英勇無畏，他們既可以赴湯蹈火，也可能逃之夭夭。」

他們無視因果和事物間的相互關係。他們時而灰心喪氣，時而鬥志昂揚。他們易受各種驚慌情緒影響，不是過於緊張就是過於低落，但是從來不會處在環境需要的情緒或狀態中。他們的每句話比流水更加變幻無常。他們如何能夠構成政府的基礎？

值得慶幸的是，上述這些在議會中看到的特徵並不經常出現。這種議會只在某些時候才能形成群體。通常情況下，議會成員擁有各自的特點，正因如此，議會才能制定出優秀的法律。事實上，法律的制定者是一位潛心研究的專家，因此表決通過的法律實際上是個人而非集體的作品。這些法律自然是最出色的。當一系列修正案將這些法律變為集體產物時，它們只可能帶來災難性的後果。不論什麼性質的群體產物總是比獨立個體創造的略遜一籌。正是專家阻止議會通過一些愚蠢或難以執行的辦法。這時專家成了群體一時的領袖。議會對他不起作用，可是他卻支配著整個議會。

消耗財力和束縛人們自由的機器

　　儘管議會在運轉過程中出現了這些困難，但它仍是人類至今為止最佳的治理形式，更是擺脫個人專制的最佳手段。至少為哲學家、思想家、作家、藝術家和學者——即文化精英們——提供了一種理想的治理模式。

　　實際上，它只帶來兩種較為嚴重的危害。其一，不可避免的財政浪費；其二，個人自由的不斷受限。

　　第一種危害是由各種緊迫的問題和缺乏遠見的選民造成的必然結果。如果某個議員提出一項明顯符合民主觀念的措施提交議會討論，例如保障所有工人的養老金並提高國家各級雇員的待遇，其他議員不敢無視國家所有雇員的利益否決提案，因為害怕失去選民，從而成為了這一提案的犧牲品。雖然他們清楚此提案會給預算增加新的負擔，肯定會增加新稅。但在投票時他們絕不會遲疑。支出增加帶來的後果現在還無法預測，但是有一點可以肯定，這暫時不會給他們個人帶來任何不利影響。但當他們改選時，這種消極後果便會凸顯出來。

　　除了第一種巨大的財政開支外，還有一個同樣重要的原因，即必須毫不猶疑地投票贊成為了地方利益發放的補助金。一名議員無法反對發放這類津貼的提案，因為任何一個議員要想為其選區選民謀福利，就必須同意自己同僚類似的要求。

　　第二種危險是議會對自由限制的必然性。這種必然性不那

麼明顯，卻真實存在。這是由於大量法律法規的約束性作用所致。議會認為他們有義務通過這些法律法規，但是由於目光短淺，他們大多無法預知後果。

確實，這種危險無法避免。因為即使在英國這個擁有最通行的議會體制，且議員之於其選民有著最大獨立性的國家，也無法免除這種危險。

赫伯特・斯賓塞曾在很久以前的一本書中指出，表面自由的增加一定伴隨著真正自由的減少。在他最近的《個人與國家》（*The Individual versus the State*）一書中他又再次談到了這個話題。關於英國議會，他是這樣闡述自己觀點的：

自這個時期以來，立法制度一直按照我指出的方向發展。快速膨脹的獨裁政策不斷地限制個人自由，這表現在兩個方面。首先，每年制定大量的規章制度，對以往公民完全自由的事務進行限制，並強迫他們做一些以前想做就做、不想做就不做的事情；其次，日益加重的公共財政負擔（尤其是地方的），藉由減少個人可支配的利益分成，根據政府當局需求來增加他的投資份額，進一步限制個人自由。

這種不斷受限的自由，在每個國家都有斯賓塞沒有指出的特別表現形式。大量具有約束力的法律法規的通過，必然增加執行它們的公職人員的人數、權力和影響。這些公職人員可能會成為文明國家真正的主人。他們擁有更大的權利，是因為在政府更迭過程中，只有他們不受這些變化影響，只有他們不承

擔責任、無需個性且永久存在。沒有什麼專制統治形式能比具有這三種特點的統治形式更具壓迫性。

約束性法律法規不斷湧現，它們用最複雜的準則將人們所有行為一一圈死，這必然導致公民可以自由行動的範圍越來越窄。有一種謬見讓我們深受其害，它認為不斷制定法律法規更能保障我們平等、自由的權利，因此國家每天忍受著日益繁重的各種限制。它們不會接受沒有懲罰的法律制度。由於習慣於接受各種約束，它們很快會達到期望中的奴隸狀態，失去所有自然特性和活力。那時它們就像無用的影子，被動、服從、毫無活力地自動運轉著。

如果到了這個地步，個體註定要向外界尋求某種自己已經喪失的力量。隨著公民越來越冷漠而無助，政府的作用必然隨之增長。政府一定會展現出個體缺乏的積極性、創新性和指導精神。重任落到了它們肩上，一切需要它們承擔、指揮和保護。於是國家成了無所不能的神。直到經驗告訴我們，這類神靈的力量既難持久也非有力。

在某些民族中，自由越來越受到禁錮，儘管表面的許可使他們認為自己仍享有自由。它們衰老的結果至少和任何一項具體制度的衰退所造成的結果一樣。這是衰落的不詳先兆，迄今為止沒有任何文明可以逃脫。

根據以往的經驗以及各處引人注目的徵兆判斷，我們已經有一些現代文明走到了這一步，即衰落前極度衰老的階段。似

乎所有民族都不可避免地會經歷相同的生存階段，因而歷史會不斷重演。

關於文明發展的一些相同階段，很容易做一個簡要的概述，我將以此作為本書的結尾。這種簡要提綱的說明也許會讓我們更能理解為何群體能夠擁有目前這種力量。

結語

民族的迴圈過程

　　如果從文化發展的主要脈絡來觀察我們之前文化的偉大起源和衰敗原因，我們會發現什麼？

　　文明曙光初現之時，移民、侵略活動或占領等因素使一群來源不同的人們走到一起。他們有著不同的血統、語言和信仰，唯一相同的紐帶是一部由其首領頒布的法律，而且還未受到一致認可。就在這樣混亂的人群中，群體心理特點已經十分突出地表現出來。他們表現出群體短暫的團結、英雄主義、各種弱點、衝動以及暴躁。他們總是善變無常。他們是一群野蠻人。

　　最後，是時間成就了這部作品。環境的一致性、種族間的來往以及共同生活的必要性發揮了它們的作用。不同的團體聚集起來、融為一體，形成種族（即有著共同特徵和情感的群體），他們在遺傳因素的作用下日益穩固。接著群體發展成為

民族，成功擺脫野蠻狀態。然而，唯有經過長期反覆的努力、奮鬥以及無數次的重新開始，從而獲得某種理想後，一個真正的民族才能出現。至於是什麼樣的理想無關緊要，不論是對羅馬的狂熱崇拜，還是為了雅典的強盛或真主阿拉的勝利，都足以讓種族中所有個體形成完全統一的情感和思想。

在這個階段，一種包含各種制度、信仰和藝術的新文明誕生了。在追求理想的過程中，種族不斷形成各種必要的特質，讓這種理想變得崇高而富有生命。無疑地，他們有時仍是一群烏合之眾，但是在他們善變的特徵背後潛藏著一種穩定的特性，即控制民族變化和時機作用的種族特徵。

時間在發揮了其創造性作用之後便開始毀滅，沒有誰能逃得過，無論是神還是人。當一種文明的強盛和複雜性達到一定程度後便開始停止發展，而一旦停滯不前便註定迅速走向衰落。這時文明晚期的鐘聲敲響了。

這種必然的衰落總是以種族的支柱（即理想衰落）為預兆。隨著信仰魔力的褪去，由它激發產生的宗教、政治和社會體系開始瓦解。

隨著理想不斷消亡，種族不斷失去越來越多使之團結、和諧、強盛的特質。個人的個性和智力水準可能會得到提高，但與此同時，種族的集體自我意識會被過度發展的個人自我意識取而代之，隨之而來的是種族特徵的弱化和行動力的降低。構成民族或集體的人們，最終變成一盤散沙。出於傳統和制度的

關係，從表面上看來，他們會暫時聚在一起。正是在這個階段，不同的利益關係和願望將他們弄得支離破碎，他們再也無法進行自我管理，即使是最細微的行為也需要指導，由此國家開始發揮引人注目的作用。

隨著古老理想的喪失，這個種族的特徵也完全消失。現在它只是一群孤立個體的組合，再次回到了原始狀態──即一群烏合之眾。他們極端易變且沒有未來，有的只是烏合之眾所有短暫的特點。他們的文明完全失去了穩定性，只能聽天由命。民眾的權力至高無上，野蠻之風開始肆虐。這種文明似乎燦爛依舊，因為悠久的歷史賦予它光鮮的外表，實際上它是一座搖搖欲墜的大廈，毫無支撐，風暴襲來時必定立刻土崩瓦解。

在追求理想的過程中，由野蠻狀態發展到文明狀態，當理想破滅後，走向衰落和死亡，這就是一個民族生命的迴圈過程。

臉譜書房 FS0018Y

烏合之眾
為什麼「我們」會變得瘋狂、盲目、衝動？
讓你看透群眾心理的第一書
The Crowd: A Study of the Popular Mind

作　　　者　古斯塔夫・勒龐（Gustave Le Bon）
譯　　　者　周婷
責 任 編 輯　林詠心（一版）、謝至平（二版）、黃家鴻（三版）
封 面 設 計　井十二設計研究室
行 銷 業 務　陳彩玉、林詩玟、李振東

發　行　人　涂玉雲
編 輯 總 監　劉麗真
總　編　輯　謝至平
出　　　版　臉譜出版
　　　　　　城邦文化事業股份有限公司
　　　　　　台北市民生東路二段141號5樓
　　　　　　電話：886-2-25007696　傳真：886-2-25001952
發　　　行　英屬蓋曼群島商家庭傳媒股份有限公司城邦分公司
　　　　　　台北市中山區民生東路141號11樓
　　　　　　客服專線：02-25007718；25007719
　　　　　　24小時傳真專線：02-25001990；25001991
　　　　　　服務時間：週一至週五上午09:30-12:00；下午13:30-17:00
　　　　　　劃撥帳號：19863813　戶名：書虫股份有限公司
　　　　　　讀者服務信箱：service@readingclub.com.tw
　　　　　　城邦網址：http://www.cite.com.tw
香港發行所　城邦（香港）出版集團有限公司
　　　　　　香港九龍九龍城土瓜灣道86號順聯工業大廈6樓A室
　　　　　　電話：852-25086231　傳真：852-25789337
　　　　　　電子信箱：hkcite@biznetvigator.com
新馬發行所　城邦（新、馬）出版集團
　　　　　　Cite（M）Sdn. Bhd.（458372U）
　　　　　　41, Jalan Radin Anum, Bandar Baru Seri Petaling,
　　　　　　57000 Kuala Lumpur, Malaysia.
　　　　　　電話：+6（03）90563833　傳真：+6（03）90576622
　　　　　　電子信箱：services@cite.my

一版一刷　2011年3月
二版一刷　2017年2月
三版一刷　2023年12月

ISBN　978-626-315-399-8（紙本書）
　　　　978-626-315-397-4（EPUB）

城邦讀書花園
www.cite.com.tw

售價：NT 320元

版權所有・翻印必究（Printed in Taiwan）
（本書如有缺頁、破損、倒裝，請寄回更換）

國家圖書館出版品預行編目資料

烏合之眾：為什麼「我們」會變得瘋狂、盲目、
衝動？讓你看透群眾心理的第一書／古斯塔夫・
勒龐（Gustave Le Bon）；周婷譯. -- 三版. -- 臺北
市：臉譜出版，城邦文化事業股份有限公司出版：
英屬蓋曼群島商家庭傳媒股份有限公司城邦分公
司發行, 2023.12
　面；公分.（臉譜書房；FS0018Y）
　譯自：The crowd: a study of the popular mind
　ISBN　978-626-315-399-8（平裝）

1. CST: 群眾心理學

541.773　　　　　　　　　　　　　112017190